1일 1독해

세계사 ❷

중세편

KB005719

"하루 15분" 똑똑한 공부 습관

1일 1독해

초판 3쇄	2024년 1월 8일
초판 1쇄	2022년 6월 20일
펴낸곳	메가스터디(주)
펴낸이	손은진
개발 책임	김문주
개발	양수진, 최성아
글	구름돌
그림	박소연
디자인	이정숙, 주희연, 이솔이
마케팅	엄재욱, 김상민
제작	이성재, 장병미
사진 제공	토픽이미지스
주소	서울시 서초구 효령로 304(서초동) 국제전자센터 24층
대표전화	1661.5431
홈페이지	http://www.megastudybooks.com
출판사 신고 번호	제 2015-000159호
출간제안/원고투고	writer@megastudy.net

일러두기
· 맞춤법과 띄어쓰기는 국립국어원에서 펴낸 《표준국어대사전》을 기준으로 삼되, 초등학교 교과서의 표기를 참고했습니다.
· 외국의 인명과 지명은 국립국어원에서 펴낸 《외래어 표기법》을 따랐습니다.
· 본 저작물은 공공누리 제1유형에 따라 공공 저작물을 이용하였습니다.

메가스터디BOOKS

'메가스터디북스'는 메가스터디㈜의 출판 전문 브랜드입니다.
유아/초등 학습서, 중고등 수능/내신 참고서는 물론, 지식, 교양, 인문 분야에서 다양한 도서를 출간하고 있습니다.

매일매일 공부 습관을 길러 주는 공부 친구

내 이름은 체키
Checky

· 나이 ·

11세

· 태어난 곳 ·

태양계 시간성

왕크왕귀

· 특징 ·

몸집에 비해, 손과 발이 극도로 작다.
매력포인트는 왕 큰 양쪽 귀와 45도로 뻗은 진한 콧수염.

· 성격 ·

허술해 보이는 외모와 다르게 치밀하고, 자신감이 넘친다.

· 지구별에 오게 된 사연 ·

태양계 시간성에서 Wake-up을 담당하는 자명종으로 태어나 지구별로 오게 됐으나,
신기한 지구 생활 매력에 푹 빠져, 하루 종일 신나는 모험 중이다.

· 새로운 재능 ·

'초집중 탐구력'을 발견하고 마음껏 뽐내고 있다.

하루 15분!

· 특기 ·

롤롤이 타고 탐험하기

체키 전용 롤러보드
↳ 롤롤이

· 꿈 ·

메가스터디북스 모든 책의 주인공 되기

1일 1독해

우리 아이 10년 뒤를 바꾸는 독해력!

독해력은 모든 학습의 기초 체력입니다. 초등 시기에 제대로 읽고 이해하는 독해력을 탄탄하게 다져 놓으면, 중학생, 고등학생이 되어 아무리 어려운 지문과 문제를 접하더라도 그 내용을 잘 이해할 수 있고 차근차근 문제를 풀 수 있습니다. 독해력이 뛰어난 아이일수록 여러 교과의 내용을 쉽게 이해할 수 있고, 자신의 생각을 풍부하고 명확하게 표현할 수 있습니다.

왜? 1일 1독해일까?

〈1일 1독해〉 시리즈는 주제에 맞는 이야기가 짧은 지문으로 제시되어 부담 없이 매일 한 장씩 풀기 좋습니다. 독해는 어릴 때 습관을 잡아 주는 것이 가장 중요합니다. 메가스터디북스의 〈1일 1독해〉 시리즈로 몸의 근육을 키우듯 **아이의 학습 근육을 키워 주세요.**

1일 1독해, 엄마들이 선택한 이유가 있습니다!

1 아이가 재미있어서 스스로 보는 책

왜 아이들은 1일 1독해를 "재미있다"고 할까요?
눈높이에 맞는 흥미로운 주제의 지문들을 읽는 즐거움이 있기 때문입니다.
지문을 읽고 바로바로 문제를 풀어 확인하는 단순한 학습 패턴에서 아이는 공부의 재미를 느끼게 됩니다.

2 매일 완독하니까 성공의 경험이 쌓이는 책

하루 15분! 지문 1쪽, 문제 1쪽의 부담 없는 학습량으로 아이는 매일매일 성공적인 학습을 경험합니다.
매일 느끼는 성취감은 꾸준한 학습 습관으로 이어지고, 완독의 경험이 쌓여 아이의 공부 기초 체력이 됩니다.

3 독해 학습과 배경지식 확장이 가능한 책

한국사, 세계사, 사회 등 교과 연계 주제 지문으로 교과 학습 대비가 가능하고,
세계 명작, 고전, 인물까지 인문 교양과 관련된 폭넓은 주제의 지문으로 배경지식을 확장시킬 수 있습니다.
또한 다양한 유형의 문제로 독해력을 키우는 데 효과적입니다.

메가스터디북스 1일 1독해 시리즈

〈1일 1독해〉 시리즈는 독해를 시작하는 예비 초~저학년을 위한 **이야기 시리즈**, 초등학교 전학년이 볼 수 있는 교과 연계 중심의 **교과학습 시리즈**, 배경지식을 확장해 주는 **인문교양 시리즈**로 구성하였습니다.

예비 초~2학년

이야기

과학 이야기 ❶~❻
세계 나라 ❶, ❷
세계 명작
마음 이야기

전 10권

호기심을 키우는 다양한 주제의 이야기로, 아이가 관심 있는 주제부터 시작하여 차근차근 독해력을 길러 줍니다.

초등 교과학습

한국사

❶ 선사 ~ 통일 신라, 발해편
❷ 후삼국 ~ 고려 시대편
❸ 조선 시대편 (상)
❹ 조선 시대편 (하)
❺ 대한 제국 ~ 현대편

전 5권

우리 역사의 주요 사건과 인물을 시대별로 구성하여, 한국사의 흐름을 이해하고 교과 학습에 대비할 수 있습니다.

세계사

❶ 고대편
❷ 중세편
❸ 근대편 (상)
❹ 근대편 (하)
❺ 현대편

전 5권

세계사의 주요 장면들을 독해로 학습하며 우리 아이가 반드시 알아야 할 세계사 지식을 시대별 흐름에 맞춰 익힐 수 있습니다.

초등 사회

❶~❺

전 5권

사회 문화, 지리, 전통문화, 정치, 경제 등의 사회 교과 독해를 통해 교과 학습에 대비할 수 있습니다.

초등 인문교양

세계 고전 50 | 우리 고전 50

세계 고전 50 ❶, ❷
우리 고전 50
❶ 삼국유사 설화
❷ 교과서 고전문학

전 4권

초등학생이 꼭 읽어 두어야 할 세계 고전 50편과 우리 고전 50편을 하이라이트로 미리 접하며 교양을 쌓을 수 있습니다.

세상을 바꾼 인물 100

❶ 문화·예술
❷ 과학·기술
❸ 의료·봉사
❹ 경제·정치

전 4권

교과서에 수록된 인물을 중심으로 초등학생이 꼭 알아야 할 위대한 인물 100명의 이야기를 통해 바른 인성을 기를 수 있습니다.

1일 1독해 구성과 특징

지문 1쪽 문제 1쪽으로 매일매일 독해력 강화!

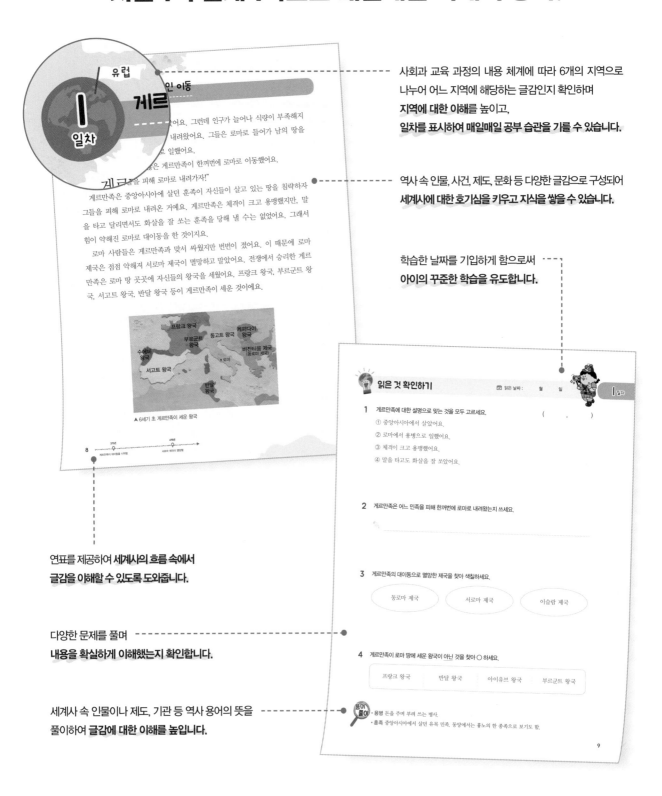

사회과 교육 과정의 내용 체계에 따라 6개의 지역으로 나누어 어느 지역에 해당하는 글감인지 확인하며 **지역에 대한 이해를 높이고,** **일차를 표시하여 매일매일 공부 습관을 기를 수 있습니다.**

역사 속 인물, 사건, 제도, 문화 등 다양한 글감으로 구성되어 **세계사에 대한 호기심을 키우고 지식을 쌓을 수 있습니다.**

학습한 날짜를 기입하게 함으로써 **아이의 꾸준한 학습을 유도합니다.**

연표를 제공하여 **세계사의 흐름 속에서** **글감을 이해할 수 있도록 도와줍니다.**

다양한 문제를 풀며 **내용을 확실하게 이해했는지 확인합니다.**

세계사 속 인물이나 제도, 기관 등 역사 용어의 뜻을 풀이하여 **글감에 대한 이해를 높입니다.**

낱말 퍼즐과 속닥속닥 세계사로 배경지식까지 풍성하게!

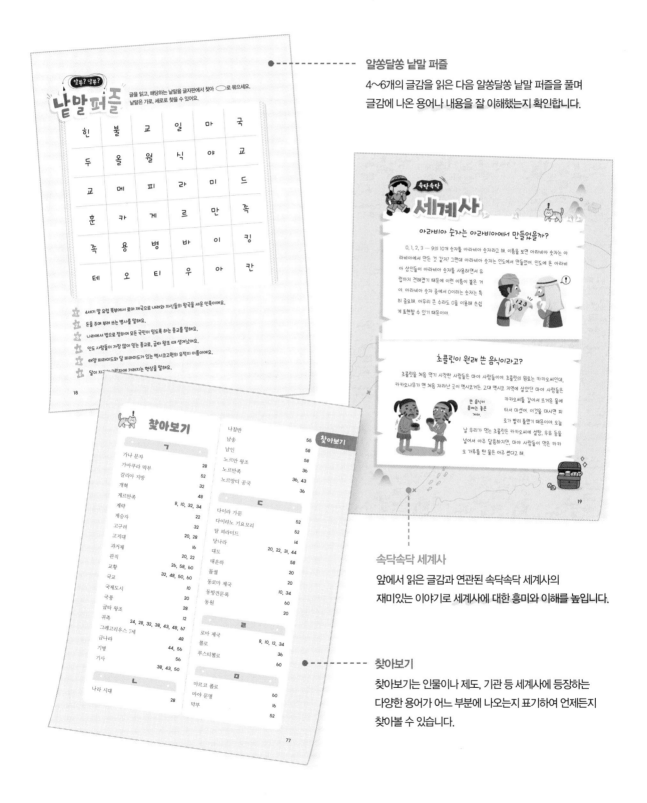

알쏭달쏭 낱말 퍼즐

4~6개의 글감을 읽은 다음 알쏭달쏭 낱말 퍼즐을 풀며
글감에 나온 용어나 내용을 잘 이해했는지 확인합니다.

속닥속닥 세계사

앞에서 읽은 글감과 연관된 속닥속닥 세계사의
재미있는 이야기로 세계사에 대한 흥미와 이해를 높입니다.

찾아보기

찾아보기는 인물이나 제도, 기관 등 세계사에 등장하는
다양한 용어가 어느 부분에 나오는지 표기하여 언제든지
찾아볼 수 있습니다.

세계사

② 중세편

그린란드
(덴마크)

알래스카
(미국)

캐나다

아메리카

미국

멕시코

쿠바
도미니카공화국

벨리즈
과테말라
엘살바도르 온두라스
니카라과
코스타리카 파나마
베네수엘라
콜롬비아
가이아나
수리남
에콰도르

페루
브라질

볼리비아

파라과이

아르헨티나
우루과이
칠레

사회 교과 과정에 따라 지역을 구분하였습니다. 글감에 나오는 나라의 위치를 지도에서 찾아보세요.

게르만족의 대대적인 이동

게르만족은 유럽 북부에 살았어요. 그런데 인구가 늘어나 식량이 부족해지자 일부 게르만족이 남쪽으로 내려왔어요. 그들은 로마로 들어가 남의 땅을 빌려 농사를 짓거나 용병*으로 일했어요.

그런데 4세기 말, 수많은 게르만족이 한꺼번에 로마로 이동했어요.

"사나운 훈족*들을 피해 로마로 내려가자!"

게르만족은 중앙아시아에 살던 훈족이 자신들이 살고 있는 땅을 침략하자 그들을 피해 로마로 내려온 거예요. 게르만족은 체격이 크고 용맹했지만, 말을 타고 달리면서도 화살을 잘 쏘는 훈족을 당해 낼 수는 없었어요. 그래서 힘이 약해진 로마로 대이동을 한 것이지요.

로마 사람들은 게르만족과 맞서 싸웠지만 번번이 졌어요. 이 때문에 로마 제국은 점점 약해져 서로마 제국이 멸망하고 말았어요. 전쟁에서 승리한 게르만족은 로마 땅 곳곳에 자신들의 왕국을 세웠어요. 프랑크 왕국, 부르군트 왕국, 서고트 왕국, 반달 왕국 등이 게르만족이 세운 것이에요.

▲ 6세기 초 게르만족이 세운 왕국

375년
게르만족이 대이동을 시작함.

476년
서로마 제국이 멸망함.

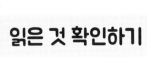 

1 게르만족에 대한 설명으로 맞는 것을 모두 고르세요. (,)

① 중앙아시아에서 살았어요.

② 로마에서 용병으로 일했어요.

③ 체격이 크고 용맹했어요.

④ 말을 타고도 화살을 잘 쏘았어요.

2 게르만족은 어느 민족을 피해 한꺼번에 로마로 내려왔는지 쓰세요.

✏️ _____

3 게르만족의 대이동으로 멸망한 제국을 찾아 색칠하세요.

| 동로마 제국 | 서로마 제국 | 이슬람 제국 |

4 게르만족이 로마 땅에 세운 왕국이 <u>아닌</u> 것을 찾아 ○ 하세요.

| 프랑크 왕국 | 반달 왕국 | 아이유브 왕국 | 부르군트 왕국 |

 용어풀이
• **용병** 돈을 주며 부려 쓰는 병사.

• **훈족** 중앙아시아에서 살던 유목 민족. 동양에서는 흉노의 한 종족으로 보기도 함.

2 일차 동서로 갈라진 로마 제국

로마 제국은 오현제 시대* 이후 세력이 점점 기울었어요. 군인들이 수시로 반란을 일으켜 약 50년 동안 26번이나 황제가 바뀌기도 했지요.

4세기 초 로마 제국을 다스렸던 콘스탄티누스 대제는 혼란스러운 사회를 바로잡기 위해 애썼어요. 그래서 수도를 비잔티움으로 옮기고, '콘스탄티노플의 도시'라는 뜻에서 콘스탄티노폴리스*로 이름을 바꾸었어요. 또 시민들이 크리스트교를 믿는 것을 인정하고, 크리스트교를 후원해 주었어요.

4세기 말 테오도시우스 1세*는 크리스트교를 로마의 국교*로 삼았어요. 테오도시우스 1세는 죽기 전에 두 아들에게 로마 제국을 나누어 물려주었어요. 그래서 로마 제국은 동로마 제국과 서로마 제국으로 갈라지게 되었지요.

서로마 제국에는 게르만족과 훈족 등이 침입해 왔어요. 서로마 제국은 힘이 약해 그들을 막아 내기 어려웠어요. 게르만족 출신의 용병 대장인 오도아케르가 서로마 제국의 황제를 쫓아내고 권력을 잡았어요. 결국 476년에 서로마 제국은 멸망했어요. 하지만 동로마 제국은 게르만족의 침입을 막아 내고 천 년 동안 로마 제국의 전통을 이어 갔답니다.

▲ 서로마 제국과 동로마 제국의 영역

330년
로마 제국이
수도를 옮김.

395년
로마 제국이
동·서로 갈라짐.

476년
서로마 제국이
멸망함.

1 콘스탄티누스 대제가 로마의 수도를 어디로 옮겼는지 찾아 ○ 하세요.

비잔티움	키예프	노르망디

2 콘스탄티누스 대제에 대한 설명으로 <u>틀린</u> 것을 고르세요.   (   )

① 4세기 초에 로마 제국을 다스렸어요.

② 수도 이름을 콘스탄티노폴리스로 바꾸었어요.

③ 크리스트교를 국교로 정했어요.

④ 크리스트교를 후원해 주었어요.

3 두 아들에게 로마 제국을 나누어 물려준 황제는 누구인지 찾아 색칠하세요.

콘스탄티누스 대제	테오도시우스 1세	오도아케르

4 로마 제국에 대한 설명으로 알맞은 것을 찾아 줄로 이으세요.

황제가 게르만족 출신의 용병 대장에게 쫓겨났어요.	•	•	서로마 제국
천 년 동안 로마 제국의 전통을 이어 갔어요.	•	•	동로마 제국

용어풀이
- **오현제 시대** 로마 제국 최전성기에 가장 유능했던 다섯 명의 황제가 다스리던 시대.
- **콘스탄티노폴리스** 터키 이스탄불의 옛 이름. 비잔티움 제국과 오스만 제국의 수도였음.
- **테오도시우스 1세** 분할된 제국을 재통일하고 나누어지지 않은 로마 제국을 마지막으로 통치한 황제.
- **국교** 나라에서 법으로 정하여 모든 국민이 믿도록 하는 종교.

힌두교가 생겨난 인도의 굽타 왕조

인도 사람들이 가장 많이 믿는 종교는 무엇일까요? 바로 '힌두교'예요. 힌두교는 인도의 굽타 왕조 때 만들어졌어요.

굽타 왕조는 찬드라굽타 1세가 인도 북동부에 세운 왕조예요. 굽타 왕조의 왕들은 브라만교*를 지원했어요. 그러면서 브라만교의 복잡한 제사 의식을 줄이고, 산 동물을 죽여 제물로 바치는 일과 같은 나쁜 점들을 없앴어요. 또 민간 신앙*과 불교의 좋은 점은 받아들였지요. 그래서 브라만교는 기존과 다른 새로운 종교로 바뀌는데, 그것이 바로 '힌두교'예요.

굽타 왕조는 제3대 왕인 찬드라굽타 2세 때 전성기를 맞았어요. 찬드라굽타 2세는 인도 북부 대부분을 차지하고, 인도 중부까지 세력을 넓혔어요. 그리고 중국, 동아시아, 로마 제국, 서아시아 등과 활발하게 무역을 했어요.

굽타 왕조 때에는 문화가 매우 발달해 수천 년 동안 전해 내려오는 신화들을 산스크리트어*로 정리했어요. 수학도 발달해 0에서 9까지의 아라비아 숫자를 발명했지요. 천문학도 발달하였는데, '아리아바타*'라는 천문학자는 지구가 둥글고, 스스로 하루에 한 바퀴를 돈다고 주장하기도 했어요.

▲ 힌두교의 신 비슈누

320년경
굽타 왕조가 시작됨.

550년경
굽타 왕조가 멸망함.

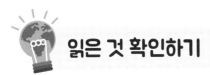 

1 힌두교에 대한 글을 읽고, 빈 곳에 알맞은 말을 쓰세요.

> 힌두교는 ＿＿＿＿＿＿＿＿＿＿＿＿ 왕조 때 ＿＿＿＿＿＿＿＿＿＿＿＿의 나쁜 점들을 없애
>
> 고, 민간 신앙과 불교의 좋은 점을 받아들여 만들어진 종교예요.

2 굽타 왕조의 전성기는 어느 왕이 다스리던 때인지 찾아 ○ 하세요.

찬드라굽타 1세	찬드라굽타 2세	사무드라굽타

3 굽타 왕조에 대한 설명으로 맞으면 ○, 틀리면 ✕ 하세요.

⑴ 중국, 동아시아, 로마 제국과 활발하게 무역을 했어요. 　　(　　　)

⑵ 수천 년 동안 전해 내려오는 신화들을 그리스어로 정리했어요. 　　(　　　)

⑶ 아라비아에서 문자와 숫자를 들여와 사용했어요. 　　(　　　)

4 굽타 왕조 때의 천문학자인 아리아바타가 주장한 것을 모두 고르세요. 　　(　　,　　)

① 지구는 둥글다.

② 지구는 네모나다.

③ 지구는 태양 주위를 돈다.

④ 지구는 스스로 하루에 한 바퀴를 돈다.

🔍 **용어풀이**
- **왕조** 같은 집안에서 난 왕들이 다스리는 시대.
- **브라만교** 고대 인도에서 '베다'라는 경전을 중심으로 발달한 종교.
- **민간 신앙** 예로부터 사람들 사이에 전해 내려오는 신앙.
- **산스크리트어** 옛날 인도의 고급 문장어. 불경이나 고대 인도 문학 기록에 사용됨.
- **천문학자** 우주에 대한 모든 것을 연구하는 학자.

4 일차 아메리카의 거대한 고대 도시, 테오티우아칸

오늘날의 멕시코고원에는 서울 여의도 크기의 4배나 되는 '테오티우아칸'이라는 고대 도시의 유적지가 있어요.

테오티우아칸은 기원전부터 사람들이 살면서 도시의 틀을 갖추고 발전했어요. 4~5세기에는 테오티우아칸의 인구가 10만 명이 넘을 정도로 번성했다고 해요.

테오티우아칸의 한가운데에는 '죽은 자의 길'이 남북으로 뻗어 있었어요. 이 길 주변에는 태양 피라미드*와 달 피라미드*를 비롯해 수많은 신전이 있었지요. 이집트의 피라미드와 달리 테오티우아칸의 피라미드는 신에게 제사를 지내는 곳이었어요. 죽은 자의 길에서 조금 떨어진 곳에는 농부와 상인들이 모여 살았던 마을과 농사를 짓던 땅도 있었어요.

테오티우아칸은 무역의 중심지로 번영*을 누렸어요. 주변의 다른 나라들뿐만 아니라 멀리에 있는 마야 사람들까지도 이곳으로 와 물건을 사고팔았어요.

전성기를 누리던 테오티우아칸은 갑자기 멸망했어요. 그 이유는 아직 밝혀지지 않았지요. 갑작스레 멸망했지만 아메리카 대륙에서 발생한 여러 문명에 큰 영향을 미쳤답니다.

▲ 테오티우아칸의 죽은 자의 길

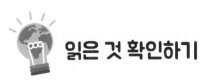 

읽은 것 확인하기

읽은 날짜 :　　월　　일

1 테오티우아칸은 오늘날 어느 곳에 있는 유적지인지 찾아 색칠하세요.

멕시코고원　　　　인도 동북부　　　　유카탄반도

2 테오티우아칸에 대한 설명으로 맞는 것을 모두 고르세요.　　　(　　,　　)

① 기원전에는 사람이 살지 않았어요.

② 가장 번성했던 시기에도 인구가 많지 않았어요.

③ 무역의 중심지로 번영을 누렸어요.

④ 아메리카 대륙에서 발생한 여러 문명에 영향을 미쳤어요.

3 테오티우아칸의 한가운데에 길게 뻗어 있는 길은 무엇인지 쓰세요.

4 테오티우아칸에 있는 피라미드는 무엇을 위해 지어졌는지 찾아 ◯ 하세요.

별의 움직임을 관찰하기 위해	왕의 권위를 나타내기 위해	신에게 제사를 지내기 위해

- **죽은 자의 길** 테오티우아칸에 남북으로 뻗어 있는 길로, 아스테카 사람들이 길 양쪽에 있는 건물들을 무덤이라고 잘못 생각해 이렇게 불렀음.
- **태양 피라미드** 테오티우아칸에서 가장 큰 피라미드로, 돌과 석회로 만들어짐.
- **달 피라미드** 죽은 자의 길 북쪽 끝에 있는 피라미드.
- **번영** 번성하고 빛남.

5일차 열대 우림 속에서 피어난 마야 문명

　기원전부터 10세기까지 중앙아메리카의 과테말라 고지대*에서 멕시코의 유카탄반도*에 걸친 지역에 마야 사람들이 살았어요. 그들은 300년 무렵부터 열대 우림* 지역에 수많은 도시 국가를 세우고, 마야 문명을 꽃피웠지요.

　농사를 지으며 살았던 마야 사람들은 태양신, 달의 신, 물의 신과 같은 자연과 관련된 신을 믿었어요. 그래서 도시마다 계단식 피라미드 형태로 거대한 신전을 세우고 제사를 지냈어요.

　마야 사람들은 천문학 지식이 아주 뛰어났어요. 일식*과 월식*이 언제 일어날지를 정확히 예측하고, 1년이 365.2420일이라는 것도 알아냈어요. 이를 바탕으로 1년을 365일로 하는 태양력을 만들어 사용했지요.

　마야 사람들은 수학 지식도 뛰어났어요. 0의 개념을 알았고, 막대기 모양과 점을 이용해 숫자를 나타냈어요. 또 그림 문자를 만들어 사용하기도 했어요.

　마야 문명은 700년대부터 도시들이 하나둘 힘을 잃어 가다가 10세기 말에 갑자기 멸망했는데, 그 이유는 아직까지 밝혀지지 않고 있어요.

▲ 마야 사람들이 만든 피라미드 형태의 신전

기원전 1000년경　　300년경　　　900년경

마야 사람들이　　마야 사람들이　　마야 문명이
등장함.　　　　　큰 도시들을 세움.　멸망함.

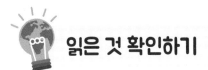

1 마야 사람들에 대한 글을 읽으면서 알맞은 말에 ○ 하세요.

> 마야 사람들은 태양신, 달의 신과 같은 (동물 / 자연)과 관련된 신을 믿었고, 도시마다 계단식 (피라미드 / 왕궁) 형태로 거대한 신전을 세워 제사를 지냈어요.

2 마야 사람들에 대한 설명으로 <u>틀린</u> 것을 고르세요. ( )

① 천문학 지식이 아주 뛰어났어요.

② 농사를 짓고 살았어요.

③ 태음력을 만들어 사용했어요.

④ 수학 지식이 뛰어났어요.

3 마야 사람들이 사용한 문자는 무엇인지 찾아 ○ 하세요.

쐐기 문자	그림 문자	갑골 문자

4 기원전부터 10세기까지 중앙아메리카의 과테말라 고지대에서 멕시코의 유카탄반도에 걸쳐 일어난 문명은 무엇인지 쓰세요.

✏️ _____

 용어풀이
- **고지대** 높은 지역.
- **유카탄반도** 중앙아메리카의 멕시코 동남쪽에 튀어나와 있는 반도.
- **열대 우림** 일 년 내내 기온이 높고 비가 많이 오는 열대 지방에서 발달한 숲.
- **일식** 달이 태양의 일부나 전부를 가리는 현상.
- **월식** 달이 지구의 그림자에 가려지는 현상.

알쏭? 달쏭?

글을 읽고, 해당하는 낱말을 글자판에서 찾아 ◯로 묶으세요.
낱말은 가로, 세로로 찾을 수 있어요.

힌	불	교	일	마	국
두	올	월	식	야	교
교	메	피	라	미	드
훈	카	게	르	만	족
족	용	병	바	이	킹
테	오	티	우	아	칸

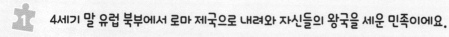

1. 4세기 말 유럽 북부에서 로마 제국으로 내려와 자신들의 왕국을 세운 민족이에요.

2. 돈을 주며 부려 쓰는 병사를 말해요.

3. 나라에서 법으로 정하여 모든 국민이 믿도록 하는 종교를 말해요.

4. 인도 사람들이 가장 많이 믿는 종교로, 굽타 왕조 때 생겨났어요.

5. 태양 피라미드와 달 피라미드가 있는 멕시코고원의 유적지 이름이에요.

6. 달이 지구의 그림자에 가려지는 현상을 말해요.

아라비아 숫자는 아라비아에서 만들었을까?

0, 1, 2, 3 …… 9의 10개 숫자를 아라비아 숫자라고 해. 이름을 보면 아라비아 숫자는 아라비아에서 만든 것 같지? 그런데 아라비아 숫자는 인도에서 만들었어. 인도에 온 아라비아 상인들이 아라비아 숫자를 사용하면서 유럽까지 전해졌기 때문에 이런 이름이 붙은 거야. 아라비아 숫자 중에서 0이라는 숫자는 특히 중요해. 아무리 큰 수라도 0을 이용해 손쉽게 표현할 수 있기 때문이야.

초콜릿이 원래 쓴 음식이라고?

초콜릿을 처음 먹기 시작한 사람들은 마야 사람들이야. 초콜릿의 원료는 카카오씨인데, 카카오나무가 맨 처음 자라난 곳이 멕시코거든. 고대 멕시코 지역에 살았던 마야 사람들은 카카오씨를 갈아서 뜨거운 물에 타서 마셨어. 이것을 마시면 피로가 빨리 풀렸기 때문이야. 오늘날 우리가 먹는 초콜릿은 카카오씨에 설탕, 우유 등을 넣어서 아주 달콤하지만, 마야 사람들이 먹은 카카오 가루를 탄 물은 아주 썼다고 해.

쓴 음식이 몸에는 좋은 거야.

6일차 중국을 다시 통일한 수나라와 당나라

중국은 한나라가 멸망한 뒤 약 300년 동안 여러 나라로 나뉘어 있었어요. 그러다가 6세기 말 문제가 세운 수나라가 중국을 통일했어요. 문제는 백성에게 땅을 나누어 주고 그 대신 세금*을 거두어들여 나라의 재정을 튼튼히 했어요. 또 시험을 쳐서 관리를 뽑는 과거제를 실시하는 등 왕권을 강화했어요.

문제의 뒤를 이어 양제가 수나라의 황제가 되었어요.

"중국 땅을 남북으로 잇는 대운하*를 건설하겠다."

양제의 명령에 수많은 백성이 공사에 동원되어 고통을 겪었어요. 또 양제는 100만 대군을 거느리고 고구려를 침략했지만 지고 말았지요. 그러자 대공사와 전쟁에 지친 백성들이 반란을 일으켰고, 결국 수나라는 멸망했어요.

수나라의 뒤를 이어 이연*이 당나라를 세웠어요. 이연의 아들인 태종이 황제가 되면서 당나라는 크게 발전했지요. 태종은 중앙아시아의 돌궐*을 정복해서 영토를 넓혔어요. 또 토지 제도와 세금 제도, 법률 등을 갖추는 등 나라의 기초를 튼튼히 했어요. 그러면서 당나라의 수도 장안은 세계 여러 나라의 상인들이 모여들어 물건을 사고파는 국제도시*로 발전했어요.

589년
수나라가 중국을 통일함.

618년
당나라가 세워짐.

907년
당나라가 멸망함.

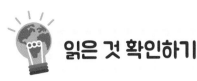

읽은 것 확인하기

1 한나라가 멸망한 뒤 약 300년 동안 여러 나라로 나뉘어 있던 중국을 통일한 나라의 이름을 쓰세요.

_____

2 수나라가 멸망한 이유로 맞는 것을 고르세요. (　　　　　)

① 과거제로 뽑힌 관리들이 반란을 일으켰기 때문이에요.

② 대공사와 전쟁에 지친 백성들이 반란을 일으켰기 때문이에요.

③ 돌궐이 수나라에 쳐들어왔기 때문이에요.

④ 백성들에게 세금을 너무 많이 걷었기 때문이에요.

3 당나라를 세운 사람은 누구인지 찾아 ◯ 하세요.

양제	문제	이연

4 수나라와 당나라에 대한 설명으로 알맞은 것을 찾아 줄로 이으세요.

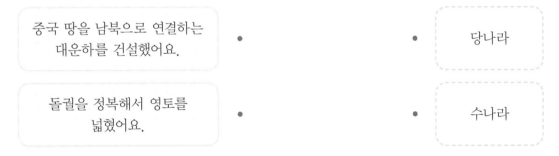

| 중국 땅을 남북으로 연결하는 대운하를 건설했어요. | • | • | 당나라 |
| 돌궐을 정복해서 영토를 넓혔어요. | • | • | 수나라 |

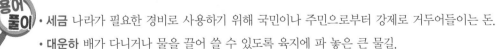

• **세금** 나라가 필요한 경비로 사용하기 위해 국민이나 주민으로부터 강제로 거두어들이는 돈.

• **대운하** 배가 다니거나 물을 끌어 쓸 수 있도록 육지에 파 놓은 큰 물길.

• **동원** 어떤 목적을 이루기 위해 사람을 모으거나 물건, 수단 등을 집중함.

• **이연** 당나라의 제1대 황제인 '고조'의 이름.

• **돌궐** 6세기 중반부터 몽골고원에서 중앙아시아에 걸친 지역을 지배한 터키계 유목 민족.

• **국제도시** 외국인이 많이 살거나 외국인의 왕래가 잦은 도시.

중국의 유일한 여황제, 측천무후

당나라 때 중국 역사에서 단 하나밖에 없는 여자 황제가 탄생했어요. 바로 '측천무후'예요.

측천무후는 원래 당나라 제2대 황제인 태종의 후궁이었어요. 그런데 태종이 죽은 뒤 그의 아들인 고종의 눈에 들어 다시 고종의 후궁이 되었지요.

측천무후는 계략*을 꾸며 고종의 부인을 궁에서 쫓아내고 황후 자리에 올랐어요. 그리고 고종이 병으로 나라를 다스릴 수 없게 되자 남편을 대신해서 나라를 다스렸어요.

권력을 탐내던 측천무후는 고종이 죽은 뒤 두 아들을 차례로 황제 자리에 올렸다가 금방 쫓아냈어요. 그러고는 690년에 나라의 이름을 '주'로 바꾸고 황제 자리에 올랐어요. 스스로 황제가 된 측천무후는 자신을 반대하는 황족*과 신하들을 모조리 없애 버렸지요.

측천무후는 권력을 장악하기 위해서는 누구보다 잔인했지만 한편으로는 나라를 잘 다스려 백성의 삶을 안정되게 했어요. 과거제를 통해 신분에 상관없이 능력에 따라 관리를 뽑았고, 문인*들을 적극적으로 지원했어요. 또 불교를 장려하여 불교가 발전하는 데 기여했어요.

이제부터는 내가 황제다!

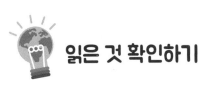

읽은 것 확인하기

1 중국 역사에서 단 하나뿐인 여자 황제는 누구인지 이름을 쓰세요.

_____

2 측천무후는 누구의 황후가 되었는지 찾아 색칠하세요.

태종　　　　　　고종　　　　　　고조

3 측천무후가 두 아들을 황제 자리에서 쫓아낸 이유를 찾아 ○ 하세요.

| 자신이 황제가 되려고 했기 때문에 | 아들들이 백성을 괴롭혔기 때문에 | 딸에게 황제 자리를 주고 싶었기 때문에 |

4 측천무후에 대한 설명으로 <u>틀린</u> 것을 고르세요. 　　　　　(　　　　)

① 나라의 이름을 '주'로 바꾸었어요.

② 과거제를 통해 능력에 따라 관리를 뽑았어요.

③ 무인들을 적극적으로 지원했어요.

④ 불교를 장려하여 불교가 발전하는 데 기여했어요.

• **계략** 어떤 일을 이루기 위해 생각해 낸 꾀.

• **황족** 황제의 가까운 가족.

• **문인** 학문을 익혀 관직에 오른 사람.

이슬람교를 만든 무함마드

알라를 유일신*으로 섬기는 이슬람교는 무함마드가 창시한 종교예요.

무함마드는 아라비아반도*에 있는 메카*라는 도시에서 태어났어요. 어려서 일찍 부모님을 잃고, 친척 집에서 자랐지요. 무함마드는 상인들과 장사를 하러 다니면서 크리스트교와 유대교에 대해 듣고 종교에 관심을 갖게 되었어요.

무함마드는 마흔 살에 산속 동굴에 들어가 명상을 했어요. 그러다가 천사에게서 알라의 계시를 받았지요. 무함마드는 '알라 앞에서 모든 사람은 평등하다.'라는 알라의 말씀을 사람들에게 전파했어요. 가난하고 신분이 낮은 사람들은 이슬람교를 받아들였어요. 하지만 귀족들은 '모든 사람은 평등하다.'라는 말을 못마땅하게 여기며 무함마드를 없애려고 했어요.

무함마드는 자신을 따르는 사람들과 함께 메카를 떠나 메디나*로 가서 이슬람교를 전파했어요. 무함마드가 메디나로 옮겨 간 이 사건을 '헤지라'라고 해요.

8년 뒤 무함마드는 힘을 키워 군대를 이끌고 메카를 점령했어요. 그 뒤 전쟁을 계속해 아라비아반도 대부분을 통일하고, 종교와 정치를 맡아 이슬람을 이끌었어요.

610년
무함마드가 이슬람교를
창시함.

622년
무함마드가 메디나로
떠남.

630년
무함마드가
메카를 점령함.

읽은 것 확인하기

1　무함마드가 메카에서 창시한 종교는 무엇인지 쓰세요.

✎ _____

2　무함마드에 대한 설명으로 **틀린** 것을 고르세요.　　　　　　　(　　　)

① 어려서 일찍 부모를 잃었어요.

② 상인들과 장사를 하러 다녔어요.

③ 크리스트교를 믿었어요.

④ 알라의 말씀을 전파했어요.

3　헤지라에 대한 글을 읽고, 빈 곳에 알맞은 말을 쓰세요.

> 헤지라는 _____ 가 자신을 못마땅하게 여기며 없애려고 하는 귀족들
>
> 을 피해 메카를 떠나 _____ 로 옮겨 간 사건이에요.

4　이슬람교에 대해 **잘못** 말한 아이를 찾아 이름에 ◯ 하세요.

> **해인**　　이슬람교는 '알라'를 유일신으로 믿는 종교야.
>
> **재석**　　이슬람교는 유럽에서 생겨났어.
>
> **예지**　　알라 앞에서 모든 사람은 평등하다고 가르쳐.

- **유일신** 오직 하나밖에 없는 신.
- **창시** 어떤 일이나 사상, 학설 등을 처음 시작하거나 내세움.
- **아라비아반도** 아시아 서남부에 있는 반도로, 대부분 사막임.
- **메카** 사우디아라비아 서남부에 있는 도시로, 이슬람교 최고의 성지임.
- **메디나** 사우디아라비아의 서부에 있는 도시로, 무함마드의 무덤이 있음.

9 일차

영토를 넓혀 가는 이슬람 제국

무함마드가 죽은 뒤에는 회의를 통해 뽑힌 칼리프가 이슬람 세력을 이끌었어요. 칼리프는 '무함마드를 대신하는 사람'이라는 뜻으로, 무함마드처럼 이슬람의 종교와 정치를 모두 맡아 다스렸어요.

칼리프가 이끄는 이슬람 세력은 페르시아를 정복하고, 시리아를 차지했어요. 또 비잔티움 제국의 땅이었던 이집트도 정복해 대제국을 건설했지요.

이슬람 제국이 커지자 칼리프 자리를 두고 싸움이 벌어졌어요. 그러다가 우마이야 가문이 칼리프 자리를 차지하면서 우마이야 왕조가 시작되었어요.

우마이야 왕조는 북아프리카를 완전히 정복하고, 유럽의 이베리아반도*까지 손에 넣었어요. 우마이야 왕조는 아랍인* 중심의 정책을 펼쳐 아랍인이 아닌 민족에게 세금과 관직* 등의 차별을 두었어요. 그러자 아랍 출신이 아닌 이슬람교도들이 반란을 일으켜서 우마이야 왕조를 몰아냈어요.

그 뒤 이슬람 제국은 아바스 왕조가 이끌었어요. 아바스 왕조는 무함마드의 후손만이 칼리프가 되어야 한다고 믿는 이슬람교도들이 세운 왕조예요.

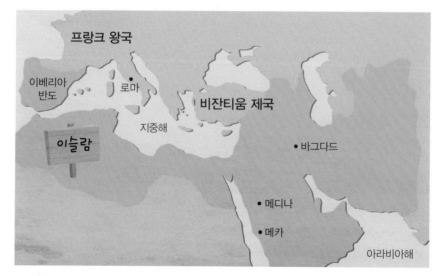

▲ 우마이야 왕조 시대의 이슬람 영역

661년 · 우마이야 왕조가 세워짐.
750년 · 아바스 왕조가 세워짐.
1258년 · 아바스 왕조가 멸망함.

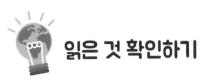 
1　무함마드를 대신해 이슬람의 종교와 정치를 모두 다스리던 사람을 무엇이라고 하는지 찾아 ○ 하세요.

아바스	칼리프	우마이야

2　우마이야 왕조에 대한 설명으로 맞으면 ○, 틀리면 ✕ 하세요.

(1) 우마이야 가문이 칼리프 자리를 차지하면서 세운 왕조예요.　　　(　　　　)

(2) 북아프리카와 이베리아반도를 정복했어요.　　　(　　　　)

(3) 모든 이슬람교도들을 차별 없이 대했어요.　　　(　　　　)

3　무함마드의 후손만이 칼리프가 되어야 한다고 믿는 이슬람교도들이 세운 왕조의 이름을 쓰세요.

✎ _____

4　이슬람 제국이 차지한 지역이 <u>아닌</u> 곳을 고르세요.　　　(　　　　)

① 시리아

② 이집트

③ 프랑스

④ 페르시아

🔍 **용어 풀이**
- **이베리아반도** 유럽 대륙 서남쪽 끝에 있는 반도로, 에스파냐, 포르투갈 등이 있음.
- **아랍인** 아랍어를 사용하는 여러 민족을 통틀어 이르는 말.
- **관직** 관리가 책임을 맡아서 하는 일이나 그 일에 따른 위치.

10 일차 일본의 고대 국가들

4세기 중반까지 일본에는 작은 나라들이 흩어져 있었어요. 그러다가 4세기 중반에 야마토 정권*이 나타나 여러 작은 나라들을 통일하면서 최초의 통일 정권을 세웠어요.

6세기 후반에는 쇼토쿠 태자가 나라를 다스렸어요. 쇼토쿠 태자는 고구려와 백제에서 불교를 들여와 전파하고, 수많은 절을 지었어요. 또 중국에 사신을 보내 앞선 문물*을 배워 오게 했지요. 이 시대를 '아스카 시대'라고 해요.

8세기 초에는 헤이조쿄(오늘날 일본의 나라)로 수도를 옮겼어요. 이 시대를 '나라 시대'라고 하고, 이때부터 '일본'이라고 부르기 시작했어요. 나라 시대에는 불교가 크게 번성해 커다란 불교 건물들을 많이 지었어요.

794년에 천황*은 수도를 헤이안쿄(오늘날 일본의 교토)로 옮겼어요. 이 시대를 '헤이안 시대'라고 해요. 헤이안 시대에는 천황의 권력이 약해지고, 귀족의 세력이 강해졌어요. 귀족과 지방 세력들은 무사에게 돈을 주고 자신의 땅과 재산을 지키게 했지요. 헤이안 시대에는 일본 고유 문자인 가나 문자를 사용하고 일본 고유의 집과 옷이 유행했는데, 이러한 일본 고유의 문화를 '국풍* 문화'라고 불렀어요.

592년
아스카 시대가 시작됨.

710년
나라 시대가 시작됨.

794년
헤이안 시대가 시작됨.

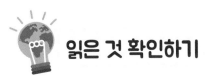

읽은 것 확인하기

1 4세기 중반에 일본의 작은 나라들을 통일한 최초의 통일 정권은 무엇인지 이름을 쓰세요.

✏️ _____

2 어느 시대에 있었던 일인지 〈보기〉에서 찾아 기호를 쓰세요.

> **보기**
>
> ㉠ 나라 시대   ㉡ 헤이안 시대   ㉢ 아스카 시대

(1) 고구려와 백제에서 불교를 들여왔어요.   (   )

(2) 나라 이름을 '일본'이라고 부르기 시작했어요.   (   )

(3) 귀족들이 무사에게 돈을 주고 자신의 땅과 재산을 지키게 했어요.   (   )

3 8세기 초 나라 시대의 수도는 어디인지 찾아 ○ 하세요.

아스카	헤이조쿄	헤이안쿄

4 헤이안 시대에 대한 글을 읽고, 빈 곳에 알맞은 말을 쓰세요.

> 헤이안 시대에는 일본 고유 문자인 _____ 문자를 사용하고 일본 고유
>
> 의 집과 옷도 유행했는데, 이러한 일본 고유의 문화를 _____ 라고
>
> 불러요.

🔍 **용어풀이**
- **야마토 정권** 야마토 지역을 중심으로 주변 호족들이 연합하여 세운 정권.
- **문물** 정치, 경제, 종교, 예술 등의 문화에 관한 모든 것을 통틀어 이르는 말.
- **천황** 나라 시대부터 일본에서 왕을 부르는 말.
- **국풍** 그 나라 특유의 풍속.

글을 읽고, 해당하는 낱말을 글자판에서 찾아 ◯로 묶으세요.
낱말은 가로, 세로로 찾을 수 있어요.

술	클	로	비	스	농
탄	장	교	기	나	민
천	안	황	헤	지	라
황	무	나	아	스	카
우	마	이	야	천	알
과	거	제	활	왕	라

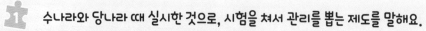

1 수나라와 당나라 때 실시한 것으로, 시험을 쳐서 관리를 뽑는 제도를 말해요.

2 당나라 수도로, 국제도시로 발전한 곳이에요.

3 이슬람교에서 믿는 유일신의 이름이에요.

4 무함마드가 자신을 없애려고 하는 사람들을 피해 메카에서 메디나로 옮겨 간 사건을 말해요.

5 아랍인 중심의 차별 정책을 편 이슬람 왕조의 이름이에요.

6 나라 시대부터 일본에서 왕을 부르는 말이에요.

30

양 귀비의 미모에 마음을 빼앗긴 현종

중국 당나라의 현종은 나라를 잘 다스린 현명한 황제였어. 그러나 양 귀비를 만난 후 나랏일을 돌보지 않았지. 양 귀비는 원래 현종의 며느리였어. 황후가 죽은 뒤 외로워하던 현종은 아름다운 양 귀비를 보고 마음을 빼앗겼어. 현종은 아들에게서 양 귀비를 빼앗고 온천에 궁을 지어 함께 살며 그녀가 원하는 모든 것을 다 누리도록 해 주었지. 현종은 양 귀비와 노느라 나랏일을 양 귀비의 사촌 오빠에게 맡겼는데, 그의 잘못으로 반란이 일어났어. 양 귀비는 반란을 피해 도망을 가다가 군사들에게 죽임을 당했단다.

이슬람 세계를 장식한 아라베스크 무늬

이슬람 사원의 벽은 아랍 문자나 식물 등을 표현한 무늬로 장식되어 있는데, 이것을 '아라베스크 무늬'라고 해. 이슬람과 관련된 건축물이나 양탄자 등에서도 흔히 볼 수 있지. 이

슬람교에서는 신 이외의 사람이나 물체를 숭배하는 것을 엄격하게 금지해. 인간이나 동물의 모습을 그리거나 조각을 해서는 안 되었지. 그래서 인간이나 동물 대신 식물이나 아랍 문자를 화려하게 그린 아라베스크 무늬가 발달하게 된 거야.

▲ 이슬람 사원의 아라베스크 무늬

　게르만족이 로마 땅에 세운 왕국들은 하나둘씩 멸망했어요. 하지만 갈리아 지방에 있던 프랑크 왕국은 힘을 키우며 점점 땅을 넓혀 갔어요.

　프랑크 왕국을 세운 클로비스 1세는 여러 부족*을 통합하며 왕국의 기틀을 마련했어요. 또 종교를 크리스트교로 바꾸었지요. 그는 로마 교황*과 귀족들의 지원을 받아 유럽 중심부의 넓은 영토를 차지했어요.

　프랑크 왕국의 전성기는 카롤루스 대제*가 다스리던 때였어요. 카롤루스 대제는 다른 게르만족이나 이슬람 세력들을 물리치고 옛 서로마 제국의 영토를 대부분 되찾았어요. 그리고 크리스트교를 열심히 전파했지요. 그러자 로마 교황은 멸망한 서로마 제국을 부활시키려고 했어요. 교황은 카롤루스 대제가 서로마 제국을 이을 계승자*라며 그에게 서로마 황제의 관을 씌워 주었어요.

　카롤루스 대제는 서로마 제국의 문화와 학문을 되살리기 위해 노력했으며, 학교를 세우고 학자들을 불러와 교육에 앞장섰어요.

　카롤루스 대제가 죽은 뒤 프랑크 왕국은 세 나라로 나누어졌는데, 이 세 나라는 오늘날의 프랑스, 독일, 이탈리아가 되었답니다.

481년
프랑크 왕국이
세워짐.

496년
클로비스 1세가
종교를 크리스트교로 바꿈.

800년
카롤루스 대제가
서로마 황제의 관을 씀.

읽은 것 확인하기

1 프랑크 왕국이 있던 곳은 어디인지 찾아 ○ 하세요.

시칠리아 지방	그리스 지방	갈리아 지방

2 클로비스 1세에 대한 설명으로 맞으면 ○, 틀리면 × 하세요.

(1) 프랑크 왕국을 세웠어요. ( )

(2) 종교를 이슬람교로 바꾸었어요. ( )

(3) 로마 교황과 귀족들의 지원을 받았어요. ( )

(4) 정복 활동으로 옛 서로마 제국의 영토를 대부분 되찾았어요. ( )

3 프랑크 왕국의 왕으로, 로마 교황이 서로마 황제의 관을 씌워 준 왕은 누구인지 쓰세요.

4 세 나라로 나누어진 프랑크 왕국은 오늘날 어떤 나라가 되었는지 모두 찾아 ⨷로 묶으세요.

영국	독일	러시아
프랑스	이탈리아	

용어풀이

- **부족** 같은 조상, 언어, 종교 등을 가지고 한 사회를 이루는 지역적 생활 공동체.
- **교황** 가톨릭교회의 최고 높은 성직자.
- **카롤루스 대제** 프랑크 왕국의 왕이자 서로마 제국의 황제. 게르만족을 하나로 합치고, 영토를 넓힘.
- **계승자** 조상의 전통이나 문화유산, 업적을 물려받아 이어 나가는 사람.

로마 제국의 전통을 이은 비잔티움 제국

로마 제국이 동서로 갈라진 뒤 동로마 제국은 로마의 전통을 이어받으며 발전했어요. 동로마 제국은 수도 콘스탄티노폴리스의 옛 이름인 비잔티움을 따서 '비잔티움 제국'으로 불렸어요.

비잔티움 제국은 연달아 침입해 오는 게르만족과 슬라브족*에 맞서 싸워야 했어요. 국경을 맞댄 사산 왕조 페르시아*와는 100년 넘게 전쟁을 벌였지요. 하지만 모두 잘 막아 내며 천 년 가까이 나라를 유지했어요.

비잔티움 제국이 가장 번성했던 시기는 유스티니아누스 황제 때였어요. 그는 게르만족에게 빼앗겼던 북아프리카와 이탈리아를 점령했어요. 또 에스파냐의 지중해 연안도 손에 넣어 옛 로마 제국의 영토를 거의 되찾았어요.

유스티니아누스 황제는 학자들에게 로마와 여러 나라의 법을 정리하여 《유스티니아누스 법전》을 만들게 했어요. 최고의 건축가를 뽑아 콘스탄티노폴리스에 성 소피아 성당*도 지었지요.

비잔티움 제국은 유스티니아누스 황제가 죽은 뒤 다른 민족이 자주 쳐들어와 영토를 빼앗기면서 점점 약해졌어요. 그러다 이슬람 세력에게 콘스탄티노폴리스가 함락되면서 멸망했어요.

▲ 성 소피아 성당

395년	527년	1453년
로마 제국이 동·서로 갈라짐.	유스티니아누스가 황제가 됨.	비잔티움 제국이 멸망함.

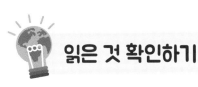

1 동로마 제국을 비잔티움 제국이라고 부른 이유로 맞는 것을 고르세요.　　　　（　　　　　）

① 동로마 제국 수도의 옛 이름이 비잔티움이었기 때문이에요.

② 동로마 제국이 비잔티움 왕조를 이었기 때문이에요.

③ 동로마 제국의 왕궁을 비잔티움 양식으로 지었기 때문이에요.

2 비잔티움 제국에서 옛 로마 제국의 영토를 거의 되찾은 황제의 이름을 쓰세요.

🖉 _____

3 유스티니아누스 황제 때 만든 것을 모두 찾아 ○ 하세요.

유스티니아누스 법전	성 베드로 성당	함무라비 법전	성 소피아 성당

4 비잔티움 제국의 멸망에 대한 글을 읽고, 빈 곳에 알맞은 말을 쓰세요.

> 비잔티움 제국은 유스티니아누스 황제가 죽은 뒤 다른 민족이 자주 쳐들어오면서 점
>
> 점 약해졌어요. 그러다가 _____ 세력에게 콘스탄티노폴리스가 함락
>
> 되면서 멸망했어요.

🔍 **용어 풀이**
- **슬라브족** 500년대 후반부터 400여 년 동안 비잔티움을 침입해 온 아리안계의 여러 민족.
- **사산 왕조 페르시아** 226년부터 7세기 중반까지 이란 땅을 지배한 왕조.
- **성 소피아 성당** 거대한 돔과 모자이크 벽화가 특징인 비잔티움 예술의 대표적 건축물.

"우리는 바다의 강자. 바다에서는 아무도 우리를 이길 수 없어!"

프랑크 왕국이 갈라질 무렵, 북쪽에서 노르만족이 내려와 유럽 사람들을 괴롭혔어요. 노르만족은 '북쪽에 사는 사람들'이라는 말에서 유래했는데, '바이킹'이라고도 불렸어요.

노르만족은 원래 스칸디나비아반도*와 그 주변에서 살았어요. 그런데 먹을 것이 부족해지자 배를 타고 온 유럽을 휩쓸고 다니며 전쟁을 벌이고 식량을 빼앗아 갔어요. 노르만족이 휩쓸고 간 곳은 농작물과 가축이 남아나지 않았어요. 노르만족은 마을을 불태우고 사람들도 마구 죽였지요.

서프랑크 왕국의 왕인 샤를 3세는 노르만족을 달래려고 노르만족의 우두머리인 롤로에게 정착할 땅을 주었어요. 오늘날 프랑스의 북서부 지역인 '노르망디'라는 곳이었지요. 나중에 롤로는 이곳에 노르망디 공국*을 세웠어요.

일부 노르만족은 오늘날 러시아 지역으로 넘어가 슬라브족과 함께 키예프 공국*을 세웠고, 또 다른 노르만족은 영국 땅을 정복하여 노르만 왕조를 세웠어요.

8세기 말
노르만족이
침입을 시작함.

882년
노르만족이
키예프 공국을 세움.

1066년
노르만족이
노르만 왕조를 세움.

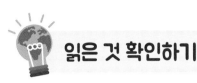 

1 노르만족에 대해 바르게 말한 아이를 모두 찾아 이름에 ○ 하세요.

> **민재** 원래 스칸디나비아반도와 그 주변에서 살았던 민족이에요.
>
> **우주** 배를 타고 온 유럽을 휩쓸고 다녔어요.
>
> **희영** 농작물과 가축만 빼앗고 사람들은 해치지 않았어요.

2 노르만족에 대한 글을 읽고, 빈 곳에 알맞은 말을 쓰세요.

> 노르만족은 '_____ 에 사는 사람들'이라는 뜻으로, 프랑크 왕국이 갈라질
>
> 무렵 유럽 사람들을 괴롭힌 민족이에요.

3 노르만족의 우두머리에 대한 글을 읽으면서 알맞은 말에 ○ 하세요.

> 노르만족의 우두머리인 (롤로 / 클로비스)는 서프랑크 왕국의 왕이 준 프랑스 북서
> 부 지역의 땅에 (잉글랜드 / 노르망디) 공국을 세웠어요.

4 노르만족이 오늘날 영국과 러시아에 무엇을 세웠는지 찾아 줄로 이으세요.

영국	•	•	키예프 공국
러시아	•	•	노르만 왕조

 • **스칸디나비아반도** 유럽 북부에 있는 반도. 동부는 스웨덴, 서부는 노르웨이에 속하며, 일부는 핀란드의 영토임.
• **노르망디 공국** 노르만의 우두머리인 롤로가 세운 나라로, 1259년에 프랑스와 합쳐짐.
• **키예프 공국** 노르만족이 키예프에 세운 나라로, 오늘날 러시아의 기원이 됨.
• **노르만 왕조** 노르망디 공작 윌리엄 1세가 영국을 정복하고 세운 왕조.

14 일차 중세 서유럽의 봉건 제도

중세 서유럽은 프랑크 왕국이 분열되고 다른 민족들이 자주 쳐들어와 무척 혼란스러웠어요. 왕이 백성을 보호하지 못하자 귀족들은 기사*를 거느려 스스로를 보호했어요. 그러면서 신하가 주군*에게 충성과 봉사를 맹세하고, 주군은 신하에게 땅을 주고 보호해 주는 봉건 제도가 생겨났어요.

혼자 나라를 다스리기 어려웠던 왕은 지방 귀족에게 땅을 주어 직접 다스리게 했어요. 그 대신 귀족은 왕에게 충성을 맹세하고, 전쟁이 일어나면 나가서 싸울 기사를 바쳤지요.

왕이 한 것처럼 귀족도 자신이 거느린 기사에게 땅을 주고, 기사가 자신에게 충성을 맹세하도록 했어요. 또 농민에게는 농사지을 땅을 빌려주고 농민을 보호해 주었어요. 농민은 그 대가로 수확한 곡식의 일부를 세금으로 바치고, 귀족을 위해 일했지요.

귀족들은 자신의 땅 안에서 누구의 간섭도 받지 않고 마음대로 재판하고 세금을 거두었어요. 그러면서 왕에게 집중되었던 권력이 각 지방의 귀족들에게 나누어지는 봉건 사회가 만들어졌어요.

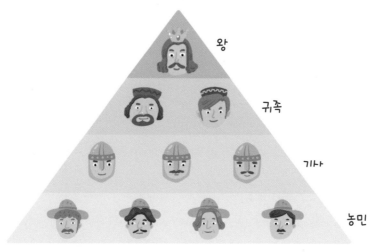

▲ 중세 서유럽 봉건 사회의 구조

8~9세기
서유럽에 봉건 제도가 생겨남.

13세기 이후
봉건 제도가 약화됨.

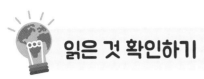 

1 중세 서유럽에 대한 글을 읽고, 빈 곳에 알맞은 말을 쓰세요.

> 중세 서유럽의 ＿＿＿＿＿＿＿＿＿＿ 는 신하가 주군에게 충성과 봉사를 맹세하고 주
>
> 군은 신하에게 땅을 주고 보호해 주는 제도예요.

2 봉건 제도에 대한 글을 읽으면서 알맞은 말에 ○ 하세요.

> 왕은 지방 귀족에게 (땅 / 집)을 나누어 주어 직접 다스리게 했어요. 그 대신 귀족
> 은 왕에게 (노동 / 충성)을 맹세하고, 전쟁에 나가 싸울 (기사 / 농민)를(을) 바쳤
> 어요.

3 중세 서유럽의 봉건 제도에서 귀족에게 농사지을 땅을 빌리는 대신 수확한 곡식의 일부를 세금으로 바
친 사람은 누구인지 쓰세요.

> ✏️ ＿＿＿＿＿＿＿＿＿＿＿＿＿＿＿＿＿＿＿＿＿＿＿＿＿＿＿＿＿＿

4 중세 서유럽의 봉건 제도에서 귀족에 대한 설명으로 틀린 것을 고르세요.   (   )

① 자신이 거느린 기사에게 땅을 주고 충성을 맹세하도록 했어요.

② 자신의 땅 안에서는 누구의 간섭도 받지 않고 마음대로 재판을 했어요.

③ 나라에서 정한 만큼만 세금을 거두었어요.

 **용어풀이** • **기사** 말을 탄 무사.

• **주군** 왕위가 이어지는 나라에서 나라를 다스리는 왕. 봉건 제도에서는 땅을 준 사람을 가리킴.

15 일차 앙코르 와트를 지은 앙코르 왕조

캄보디아에는 거대한 힌두교 사원*인 앙코르 와트가 있어요. 앙코르 와트라는 말은 '사원의 도시'라는 뜻으로, 앙코르 왕조 때 세워졌지요. 앙코르 왕조는 800년대 초에 인도차이나반도*의 '진랍*'이라는 나라에 들어선 왕조예요.

진랍은 비가 많이 내리는 우기에는 홍수가 자주 났고, 비가 그친 뒤에는 가뭄이 심하게 들었어요. 그래서 앙코르 왕조는 빗물을 담아 두는 저수지와 물을 보내는 수로를 많이 만들었어요. 그 덕분에 일 년에 두세 번씩 농사를 지을 수 있게 되었고, 이러한 농업의 발전은 앙코르 왕조가 발전하는 바탕이 되었어요.

앙코르 왕조의 자야바르만 7세는 인도차이나반도의 거의 대부분을 정복한 왕이에요. 남쪽에 수도 앙코르 톰을 세우고 최고의 전성기를 이루었지요.

동남아시아의 여러 나라처럼 앙코르 왕조도 인도에서 힌두교와 불교를 받아들였어요. 앙코르 와트는 1100년대 초 수리야바르만 2세가 힌두교의 신인 비슈누를 섬기기 위해 만든 신전인데, 나중에는 불교 사원으로 사용되었어요.

▲ 앙코르 와트

800년대 초 · · · · · · · · · · · · 1100년대 초 · · · · · · · · · · · · 1432년

앙코르 왕조가　　　　앙코르 와트가　　　　앙코르 왕조가
들어섬.　　　　　　　만들어짐.　　　　　　멸망함.

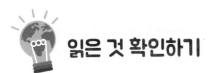

읽은 것 확인하기

📅 읽은 날짜 :　　　월　　　일

1 앙코르 와트에 대한 글을 읽고, 빈 곳에 알맞은 말을 쓰세요.

> 앙코르 와트는 캄보디아에 있는 거대한 ＿＿＿＿＿＿＿＿＿ 사원이에요. 앙코르
>
> 와트는 '사원의 도시'라는 뜻으로, ＿＿＿＿＿＿＿ 왕조 때 세워졌어요.

2 앙코르 왕조는 어떤 나라에 들어선 왕조인지 찾아 ○ 하세요.

진랍	인도	부남

3 앙코르 와트는 어떤 종교의 신을 섬기기 위해 만든 신전인지 찾아 색칠하세요.

　　힌두교의 시바　　　　　　이슬람교의 알라　　　　　　힌두교의 비슈누

4 앙코르 왕조에 대한 설명으로 **틀린** 것을 고르세요.　　　　　　（　　　　　）

① 인도에서 힌두교와 불교를 받아들였어요.

② 수리야바르만 2세가 앙코르 와트를 지었어요.

③ 상업이 발전하여 앙코르 왕조가 발전하는 바탕이 되었어요.

④ 자야바르만 7세가 수도 앙코르 톰을 세웠어요.

🔍 **용어풀이**
- **사원** 절이나 교회 등 종교적 모임을 위한 장소.
- **인도차이나반도** 아시아 동남부에 있는 반도. 베트남, 캄보디아, 라오스 등의 나라가 속해 있음.
- **진랍** 중국에서 15세기까지 캄보디아를 부르던 이름.

낱말퍼즐

글을 읽고, 해당하는 낱말을 글자판에서 찾아 ⬭로 묶으세요.
낱말은 가로, 세로로 찾을 수 있어요.

앙	사	주	군	부	비
코	원	배	기	남	잔
르	노	예	사	신	티
노	르	만	족	사	움
슬	라	브	족	귀	족
교	황	프	랑	크	스

1. 클로비스 1세가 세운 왕국의 이름이에요.

2. 콘스탄티노폴리스로 이름을 바꾸기 전 동로마 제국의 수도 이름이었어요.

3. 북쪽에서 내려와 유럽 사람들을 괴롭히던 민족으로, '바이킹'이라고도 불렸어요.

4. 중세 봉건 사회에서 왕에게 땅을 받고 충성을 맹세한 사람들이에요.

5. 중세 봉건 사회에서 전쟁이 났을 때 나가 싸우도록 귀족이 왕에게 바친 사람이에요.

6. 절이나 교회 등 종교적 모임을 위한 장소를 말해요.

노르만족이 깨끗한 것을 좋아했다고?

영화나 만화에 나오는 노르만족은 주로 헝클어진 긴 머리에, 얼굴에는 덥수룩한 수염이 나
있어. 또 잘 씻지 않아 더럽고 냄새나는 야만인으로 그려지지. 그런데 실제 노르만족은 굉장
히 깔끔하고, 정리 정돈하는 것을 좋아했다고 해. 노르만족이 살던 곳에서는 빗, 귀이개, 족집
게, 면도칼 같은 미용과 관련된 도구들이 발견되었어.
또 노르만족은 온천에서 나오는 수증기로 목욕을 하기
도 했대. 이런 것들로 보아 노르만족은 사람들이 생
각하는 것보다 훨씬 더 청결을 중요하게 여겼다는
것을 알 수 있어.

기사가 되려면 어떻게 해야 할까?

중세 유럽에서는 기사를 명예로운 신분으로 여겼어. 귀족의 아들만 기사가 될 수 있었지.
기사가 되려면 일곱 살에 영주의 성에 들어가 살면서 말 타는 법과 칼이나 창으로 싸우는
기술 등을 배워야 했어. 그뿐만 아니라 기사가 갖추어야
할 예의범절과 음악, 종교, 미술 등에 대해서도 익혀
야 했지. 이런 것들을 다 배우고 나면 기사가 되
는 의식을 치렀어. 가톨릭과 힘없는 자를 보호하
겠다는 선서를 하고 나서 영주에게 기사 작위
를 받았단다.

16 일차 학문을 중시한 송나라

당나라가 멸망한 뒤 무인*들이 여기저기에 나라를 세워서 중국은 여러 나라로 갈라져 있었어요. 그러다가 '후주'라는 나라의 장군이었던 조광윤이 960년에 송나라를 세우고 다른 나라들을 무너뜨렸어요.

'무인들은 반란을 일으킬 수도 있으니 학문이 뛰어난 사람들을 관리로 뽑아야겠어.'

조광윤은 과거 시험을 통해 능력 있는 관리를 직접 뽑았어요. 또 무인보다는 문인을 우대했어요. 심지어 군대의 지휘관도 학문이 뛰어난 사람을 뽑았지요. 이런 정책은 2대 황제인 태종 때에도 계속되어 황제의 힘이 강화되었어요.

송나라에서는 상업이 발달하여 화폐가 널리 사용되었어요. 서민*들은 생활이 여유로워져 만담이나 노래 같은 문화를 즐겼어요. 과거 준비와 학문을 연구하는 데 책이 많이 필요해지자 책을 찍어 내는 활판 인쇄술*도 발달했어요.

하지만 학문만 중시하다 보니 송나라는 군대의 힘이 약해졌고, 송나라에 쳐들어온 나라들에게 조공*을 바쳐야 했어요. 결국 송나라는 금나라*에 수도를 빼앗기고 남쪽으로 쫓겨 갔어요.

960년
송나라가 세워짐.

1127년
북송이 멸망하고
남송이 들어섬.

1279년
남송이 멸망함.

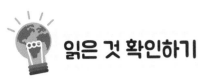

읽은 것 확인하기

1 송나라를 세운 사람은 누구인지 이름을 쓰세요.

🖉 _____

2 송나라에 대해 바르게 말한 아이를 모두 찾아 이름에 ○ 하세요.

> **은지**   과거 시험을 통해 능력 있는 관리를 뽑았어요.
>
> **로운**   군사적 능력이 뛰어난 사람을 군대의 지휘관으로 뽑았어요.
>
> **채원**   화폐가 널리 사용되었어요.
>
> **경준**   다른 나라를 정복해 영토를 넓혔어요.

3 송나라에서 책이 많이 필요해지면서 발달하게 된 것을 찾아 ○ 하세요.

활판 인쇄술	항해술	건축술

4 학문만 중시한 송나라에게 일어난 일로 맞는 것을 고르세요.   (   )

① 군사들이 반란을 일으켰어요.

② 군대의 힘이 약해져 다른 나라의 침략을 받았어요.

③ 돈으로 관직을 사는 사람들이 생겨났어요.

용어 풀이
- **무인** 무예를 배워 실력을 갖춘 사람.
- **서민** 특별히 높은 신분을 가지지 않은 일반 사람.
- **활판 인쇄술** 문자가 볼록하게 튀어나온 판으로 인쇄하는 기술.
- **조공** 약한 나라가 힘센 나라에 때를 맞추어 귀한 물건이나 돈을 바치던 일이나 그 물건.
- **금나라** 12세기 초 여진족이 지금의 만주, 몽골 땅에 세운 나라.

이슬람 세계의 새 주인공, 셀주크 튀르크

이슬람 제국을 이끌던 아바스 왕조가 약해지자, 셀주크 튀르크가 이슬람 세계의 새 지배자로 떠올랐어요. 중앙아시아에 살던 유목 민족*인 셀주크 튀르크가 어떻게 이슬람을 지배하게 되었을까요?

튀르크족은 552년에 나라를 세우고, 중앙아시아 초원을 통일했어요. 그런데 얼마 지나지 않아 동서로 갈라졌고, 동튀르크는 중국에 멸망했지요. 서튀르크 사람들은 중앙아시아에 이슬람교가 퍼지자 이슬람교를 믿었어요. 그리고 이슬람 제국의 영토로 옮겨 갔어요.

1037년 튀르크족 중 하나인 셀주크 튀르크는 세력을 키워 나라를 세웠어요. 셀주크 튀르크의 왕은 주변 여러 왕조를 몰아내고 아바스 왕조의 수도인 바그다드*까지 점령했어요. 그러자 아바스 왕조의 칼리프는 셀주크 튀르크의 왕에게 술탄*이라는 칭호를 내렸어요.

셀주크 튀르크의 술탄은 칼리프를 대신해 모든 이슬람 세계를 다스렸어요. 셀주크 튀르크는 점점 세력을 넓혀 갔어요. 비잔티움 제국을 공격해 아시아에서 몰아내고 서아시아 전체를 장악했어요. 또 예루살렘*을 점령하고, 지중해 주변까지 지배했지요.

그대에게 술탄의 칭호를 내리겠소.

1037년
셀주크 튀르크가
나라를 세움.

1055년
셀주크 튀르크가
바그다드를 점령함.

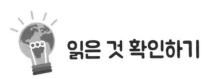 

1 아바스 왕조의 뒤를 이어 이슬람 세계의 지배자가 된 것은 어느 민족인지 쓰세요.

🖉 _____

2 튀르크족에 대한 설명으로 맞는 것을 모두 고르세요.   (,   )

① 552년에 나라를 세웠어요.

② 중국을 통일했어요.

③ 동튀르크는 페르시아에 멸망했어요.

④ 서튀르크 사람들은 이슬람교를 믿었어요.

3 셀주크 튀르크의 왕이 아바스 왕조의 칼리프에게 받은 칭호는 무엇인지 찾아 색칠하세요.

알라   술탄   주군

4 셀주크 튀르크가 차지한 지역을 모두 찾아 ◯로 묶으세요.

서아시아   중국

예루살렘   지중해 주변

 용어풀이 • **유목 민족** 가축을 기르며 물과 풀을 따라 옮겨 다니며 사는 민족.

• **바그다드** 오늘날 이라크의 수도.

• **술탄** 이슬람 세계에서 최고의 지배자를 이르는 말.

• **예루살렘** 오늘날 이스라엘의 수도로, 예로부터 유대교, 크리스트교, 이슬람교의 성지로 여겨지는 곳임.

18일차 교황과 황제의 권력 다툼

중세 유럽에서는 크리스트교 교회가 많이 생겨났고, 교회와 교황의 힘이 무척 강해졌어요. 교회의 힘이 커지면서 부패한 성직자도 생겨났지요.

당시 성직자를 정할 수 있는 성직 임명권은 왕이 가지고 있었어요. 그런데 교황 그레고리우스 7세가 부패한 교회를 개혁하기 위해 성직 임명권을 교황에게 넘겨 달라고 했어요. 교황의 말에 신성 로마 제국의 황제인 하인리히 4세는 강하게 반대했어요.

"절대 그럴 수 없소. 그레고리우스 7세를 교황 자리에서 내쫓읍시다."

하인리히 4세는 교황을 새로 뽑자고 주장했어요. 그러자 교황은 하인리히 4세를 교회에서 파문하고 황제로 인정하지 않았어요. 하인리히 4세와 사이가 좋지 않던 귀족들도 그에게 등을 돌렸지요.

하인리히 4세는 어쩔 수 없이 추운 겨울날 교황을 만나러 이탈리아에 있는 카노사라는 마을로 갔어요. 하지만 교황이 만나 주지 않아 성 앞에서 3일 동안 맨발로 서서 용서를 빌었어요. 교황은 마지못해 하인리히 4세를 용서했는데, 이것을 '카노사의 굴욕'이라고 해요. 이 사건으로 교황의 권력은 더욱 막강해졌어요.

1073년
그레고리우스 7세가
교황이 됨.

1075년
그레고리우스 7세가
성직 임명권의 권리를 주장함.

1077년
'카노사의 굴욕' 사건이
일어남.

1 중세 유럽의 교회와 교황에 대한 설명으로 맞으면 ○, 틀리면 ✕ 하세요.

(1) 크리스트교 교회가 많이 생겨났어요.　　　　　　　　　　　　　(　　　　　)

(2) 교황의 힘이 황제보다 많이 약했어요.　　　　　　　　　　　　　(　　　　　)

(3) 교회의 힘이 약해지면서 부패한 성직자들이 생겨났어요.　　　　(　　　　　)

2 교황 그레고리우스 7세가 교회를 개혁하기 위해 가지려고 한 것은 무엇인지 쓰세요.

✎ _____

3 교황 그레고리우스 7세가 하인리히 4세를 파문한 이유를 고르세요.　　　(　　　　　)

① 크리스트교도들을 탄압했기 때문이에요.

② 그레고리우스 7세를 교황 자리에서 내쫓으려고 했기 때문이에요.

③ 교황과 교회의 재물을 빼앗으려고 했기 때문이에요.

④ 하인리히 4세가 부패했기 때문이에요.

4 '카노사의 굴욕'에 대한 글을 읽으면서 알맞은 말에 ○ 하세요.

> 교회에서 파문당한 하인리히 4세는 (황제 / 교황)를(을) 만나러 카노사에 갔어요.
> 그가 만나주지 않아 (3 / 7)일 동안 맨발로 서서 용서를 빌었어요.

🔍 **용어 풀이**
- **부패** 정치, 사상, 의식 따위가 도덕적으로 나쁘게 되는 것.
- **성직자** 신부, 목사, 승려 등과 같이 종교적 신분을 가진 사람.
- **개혁** 불합리한 제도나 기구 등을 새롭게 고침.
- **신성 로마 제국** 독일 최고 권력자가 황제 칭호를 가졌던 시대의 독일 제국 이름.
- **파문** 종교적 신자로서의 자격을 빼앗고 내쫓는 일.

19 일차 예루살렘을 되찾기 위한 싸움, 십자군 전쟁

11세기에 유럽 사람들은 예수의 무덤이 있는 예루살렘으로 성지 순례를 많이 갔어요. 당시 예루살렘은 이슬람교를 믿는 셀주크 튀르크가 차지하고 있었어요. 그들은 자신들의 땅에 자꾸 크리스트교도들이 오는 것을 못마땅하게 여겼어요. 그래서 예루살렘으로 오지 못하게 막았어요.

셀주크 튀르크는 비잔티움 제국을 차지하려고 공격하기도 했어요. 비잔티움 제국의 황제는 위협을 느끼고 교황에게 도움을 청했어요.

"이슬람교도에게서 성지 예루살렘을 되찾읍시다!"

교황의 말에 제후, 기사, 상인, 농민 등으로 구성된 십자군이라는 원정대가 만들어지면서 십자군 전쟁이 시작되었어요. 십자군 전쟁에 참여한 사람들은 가슴과 어깨에 십자 표시를 했기 때문에 십자군이라고 불렀지요.

십자군은 1096년에 출발해 1099년 예루살렘을 차지하고 십자군 국가를 세웠어요. 하지만 그 뒤 이슬람교도들이 힘을 키워 다시 예루살렘을 점령했어요. 그러자 십자군이 다시 전쟁에 나섰지요. 십자군 전쟁은 약 200년 동안 8번이나 벌어졌지만 십자군은 제1차 전쟁에서만 이기고, 나머지 전쟁에서는 모두 졌답니다.

1096년
제1차 십자군 전쟁이
시작됨.

1187년
십자군이 이슬람
세력에 밀려남.

1270년
제8차 십자군 전쟁이
끝남.

1 십자군 전쟁은 어디를 차지하기 위해 벌어진 전쟁인지 쓰세요.

🖉 _____

2 십자군 전쟁에 대한 글을 읽으면서 알맞은 말에 ○ 하세요.

> 십자군 전쟁은 셀주크 튀르크가 (예루살렘 / 바그다드)(으)로 성지 순례를 오는 크리스트교도들을 막고 비잔티움 제국을 공격하자, (비잔티움 / 프랑크) 제국의 황제가 교황에게 도움을 청하면서 시작되었어요.

3 십자군 전쟁에 참여한 사람들을 십자군이라고 부른 이유를 고르세요.　　(　　　)

① 나무 십자가 목걸이를 가슴에 달았기 때문이에요.

② 가슴과 어깨에 십자 표시를 했기 때문이에요.

③ 십자가 아래에서 기도를 하고 전쟁에 참여했기 때문이에요.

④ 지나는 곳마다 십자가를 세웠기 때문이에요.

4 십자군 전쟁에 대한 설명으로 맞으면 ○, 틀리면 ✕ 하세요.

(1) 힌두교의 성지를 되찾기 위한 전쟁이었어요.　　(　　　)

(2) 십자군이라는 원정대가 만들어졌어요.　　(　　　)

(3) 십자군은 제1차 전쟁에서만 이겼어요.　　(　　　)

(4) 약 200년 동안 8번이나 전쟁을 했어요.　　(　　　)

🔍 **용어풀이** ・**성지 순례** 종교적 의무를 지키거나 신의 은혜와 사랑을 구하기 위해 성지를 찾아가는 것.
・**원정대** 먼 곳으로 싸우러 가기 위해 만들어진 무리.

머리카락을 위로 묶고, 옆구리에는 긴 칼을 찬 사무라이를 본 적이 있나요? 사무라이는 일본의 무사를 가리키는 말이에요.

무사는 헤이안 시대 말에 지방 호족*들의 땅과 재산을 보호해 주며 세력이 커졌어요. 그 뒤 무사 세력들은 권력을 차지하려고 서로 싸웠지요.

가장 처음 권력을 잡은 무사 세력은 다이라 가문이에요. 다이라노 기요모리는 딸을 천황에게 시집보내고 외척*이 되어 권력을 휘둘렀어요.

"다이라 가문의 횡포를 더 이상 참을 수 없소. 그대가 다이라 가문을 무너뜨려 주시오."

천황의 명령을 받은 미나모토노 요리토모는 무사들을 이끌고 다이라 가문을 무너뜨렸어요. 그는 천황에게서 전국을 통치할 수 있는 권한과 함께 '쇼군'이라는 칭호를 받았어요. 쇼군은 막부*의 우두머리를 가리키는 말이에요.

요리토모는 권력을 장악하고 가마쿠라에 막부를 세워 전국을 통치했어요. 천황은 있었지만 아무런 힘이 없었지요. 막부가 중심이 되어 다스리는 정치를 '막부 정치'라고 해요. 가마쿠라 막부는 원나라의 침입을 막아 내면서 힘이 약해져 1333년에 무너졌어요.

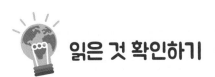 

1 사무라이에 대한 글을 읽고, 빈 곳에 알맞은 말을 쓰세요.

> 사무라이는 일본의 ＿＿＿＿＿＿＿＿＿＿＿를 가리키는 말이에요. 이들은 일본의
>
> ＿＿＿＿＿＿＿＿＿＿＿ 시대 말에 지방 호족들의 땅과 재산을 보호해 주며 세력이 커
>
> 졌어요.

2 무사 세력들 중에서 가장 먼저 권력을 잡은 가문을 찾아 ○ 하세요.

다이라 가문	미나모토 가문	도요토미 가문

3 일본 막부의 우두머리를 무엇이라고 부르는지 쓰세요.

4 가마쿠라 막부에 대한 설명으로 <u>틀린</u> 것을 고르세요.   (   )

① 미나모토노 요리토모가 세웠어요.

② 막부가 중심이 되어 나라를 통치했어요.

③ 천황의 명령에 따라 나라를 다스렸어요.

④ 원나라의 침입으로 힘이 약해졌어요.

용어풀이
- **호족** 재산이 많고 세력이 강한 집안.
- **외척** 어머니 쪽의 친척.
- **막부** 쇼군 중심의 무사 정권으로, 원래는 장군이 장수들과 회의를 하던 천막을 뜻함.

낱말 퍼즐

글을 읽고, 해당하는 낱말을 글자판에서 찾아 ⬭로 묶으세요.
낱말은 가로, 세로로 찾을 수 있어요.

에	교	황	닙	자	군
도	막	부	무	사	한
카	관	술	탄	성	족
노	리	청	나	라	송
사	무	로	마	치	나
동	성	직	자	불	라

1 당나라가 멸망한 뒤 조광윤이 세운 나라의 이름이에요.

2 이슬람 세계에서 최고의 지배자를 이르는 말이에요.

3 신부, 목사, 승려 등과 같이 종교적 신분을 가진 사람을 말해요.

4 파문당한 하인리히 4세가 교황 그레고리우스 7세를 만나러 간 마을이에요.

5 셀주크 튀르크로부터 예루살렘을 되찾기 위해 만들어진 원정대예요.

6 원래는 장군이 장수들과 회의하던 천막을 뜻하는 말로, 쇼군 중심의 무사 정권을 말해요.

송나라 때 발명된 위대한 발명품

세계적으로 유명한 중국의 4대 발명품은 종이, 인쇄술, 화약, 나침반이야. 그런데 이 중에서 종이를 뺀 나머지 세 개가 송나라 때 발명되었어. 송나라의 인쇄술은 진흙으로 글자를 하나씩 구워서 활자를 만든 다음, 이 활자들을 판으로 만들어 종이에 찍어 내는 기술이야. 화약은 진종 때 발명되었는데, 전쟁터에서 주로 사용되었지. 휘종 때 발명된 나침반은 무역이 활발했던 송나라 사람들이 바다에서 방향을 잃지 않도록 도와주었대.

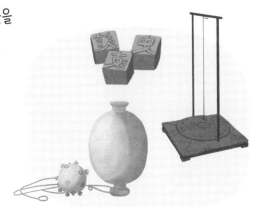

예루살렘이 세 종교의 성지라고?

이스라엘의 수도 예루살렘은 크리스트교, 이슬람교, 유대교 모두의 성지야. 크리스트교도들에게 예루살렘은 예수가 태어난 곳이자 십자가에 못 박혀 죽었다가 사흘 만에 부활한 성지야. 또 한때 예루살렘을 점령했던 이슬람교도들에게는 무함마드가 하늘로 올라갔다고 여겨지는 중요한 사원이 있는 곳이지. 유대인들에게 예루살렘은 솔로몬 왕 시절에 하느님께 바치는 대성전을 지은 곳이야. 그래서 유대인들은 예루살렘을 '하느님의 도시'라고 생각하며 신성하게 여겨.

▲ 예루살렘의 이슬람 사원

아시아와 유럽을 정복한 몽골 제국

인류 역사상 세계에서 가장 넓은 제국을 세웠던 나라는 어디일까요? 바로 칭기즈 칸이 세운 '몽골 제국'이에요.

칭기즈 칸의 원래 이름은 '테무친'이에요. 테무친은 몽골족 부족장*의 아들이었으나, 아버지가 일찍 죽는 바람에 어려서부터 고생을 했어요.

테무친은 열일곱 살에 아버지의 옛 부하들과 노비 등을 모아 군대를 만들어 세력을 키웠어요. 그리고 부족장 회의에서 우두머리인 '칸'이 되면서 '칭기즈 칸'으로 불렸어요.

칭기즈 칸은 몽골의 여러 부족을 통일했어요. 또 서하*를 무너뜨리고, 금나라를 공격해 남쪽으로 쫓아냈어요. 그 뒤 칭기즈 칸은 호라즘*이라는 이슬람 나라도 정복하면서 이란, 중앙아시아까지 세력을 넓혔어요.

칭기즈 칸이 죽은 뒤에도 그의 후손들은 금나라와 아바스 왕조를 멸망시키고, 러시아 남부와 동유럽 일부까지 정복했어요. 몽골 제국은 동아시아에서 유럽에 이르는 대제국을 만들었지요. 칭기즈 칸의 뛰어난 지도력과 막강한 기병* 덕분에 가능한 일이었어요.

1206년
칭기즈 칸이
몽골 제국을 세움.

1227년
칭기즈 칸이 죽음.

1279년
몽골 제국이 중국을
완전히 정복함.

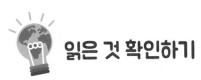 **읽은 것 확인하기**   📅 읽은 날짜 :   월   일

1 인류 역사상 세계에서 가장 넓은 제국을 세웠던 나라는 어디인지 쓰세요.

✎ _____

2 칭기즈 칸에 대한 설명으로 맞는 것을 모두 고르세요.   (,   )

① 원래 이름은 테무친이에요.

② 어머니가 일찍 죽는 바람에 고생을 많이 했어요.

③ 열일곱 살에 칸을 죽이고 자신이 칸이 되었어요.

④ 몽골의 여러 부족을 통일했어요.

3 몽골 제국이 차지한 나라를 모두 찾아 ⌒로 묶으세요.

금나라   **이집트**   **일본**

   호라즘   **서하**

4 몽골 제국이 대제국을 세울 수 있었던 이유를 모두 찾아 ○ 하세요.

칭기즈 칸의 뛰어난 지도력	많은 돈	막강한 기병	수많은 병사

🔍 **용어풀이** • **부족장** 부족의 우두머리

• **서하** 1038년에 티베트계 사람인 이원호가 내몽골의 서쪽에 세운 나라.

• **호라즘** 당시 이란과 중앙아시아 대부분을 차지한 큰 나라.

• **기병** 말을 타고 싸우는 병사.

몽골 사람이 중국에 세운 원나라

몽골 제국의 제5대 칸인 쿠빌라이 칸은 수도를 오늘날의 베이징인 대도로 옮겼어요. 나라 이름을 '원'으로 바꾸고, 왕의 호칭도 중국식으로 고쳐 '세조'라 불렀지요.

쿠빌라이 칸은 1279년에 남송*을 정복하고 중국을 통일했어요. 유목 민족으로는 최초로 중국 전체를 다스리게 된 것이지요.

원나라는 넓은 영토를 다스리기 위해 중국의 여러 제도를 받아들였어요. 하지만 몽골 사람이 최고라 생각하고 민족에 따라 차별 정책을 폈어요. 가장 중요한 관직은 몽골 사람이 독차지하고, 다음으로 중요한 나라 살림과 세금을 걷는 일 등은 서역에서 온 색목인*에게 맡겼어요. 하지만 원나라에 끝까지 저항한 남인*들은 관직에 나갈 수 없었고 심한 차별을 받았어요.

몽골 사람들은 중국을 통일한 이후에도 몽골어를 사용하고, 몽골족의 전통적인 풍습을 유지하기 위해 노력했어요. 하지만 다른 민족의 문화나 종교를 받아들이기도 해 이슬람교와 크리스트교 등 다양한 종교가 원나라에 들어왔어요. 또 이슬람의 과학 기술이 전해져 천문학, 의학* 등에도 영향을 받았어요.

1271년
원나라가 세워짐.

1279년
원나라가 중국을 통일함.

1368년
원나라가 멸망함.

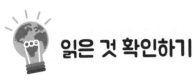

읽은 것 확인하기

1 원나라를 세운 사람은 누구인지 쓰세요.

✏️ _____

2 원나라가 수도를 어디로 옮겼는지 찾아 ○ 하세요.

낙양	대도	장안

3 원나라의 관직에 대한 글을 읽으면서 알맞은 말에 ○ 하세요.

> 원나라에서 가장 중요한 관직은 (한인 / 몽골 사람)이 독차지하고, 나라 살림과 세금을 걷는 일 등은 (색목인 / 남인)이 맡았어요.

4 원나라에 대한 설명으로 <u>틀린</u> 것을 고르세요.   (   )

① 민족에 따라 차별 정책을 폈어요.

② 몽골의 전통적인 풍습만 고집하고 다른 민족의 문화는 무시했어요.

③ 이슬람교와 크리스트교 등 다양한 종교가 들어왔어요.

④ 이슬람의 과학 기술이 전해졌어요.

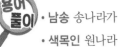

- **남송** 송나라가 금나라에게 쫓겨 남쪽으로 도망가서 세운 나라.
- **색목인** 원나라 때 유럽이나 서아시아, 중앙아시아 등에서 온 외국인을 통틀어 이르던 말.
- **저항** 어떤 힘이나 조건에 굽히지 않고 거역하거나 견딤.
- **남인** 원나라 때 남송의 백성을 가리키던 말.
- **의학** 사람의 질병을 치료하고 예방하는 방법이나 기술 등을 연구하는 학문.

서양에 원나라를 소개한 《동방견문록》

《동방견문록》은 마르코 폴로가 원나라에서 보고 겪은 동양의 모습을 서양 사람들에게 알려 주기 위해 쓴 책이에요.

마르코 폴로의 아버지와 삼촌은 이탈리아 베네치아*의 상인이었어요. 이들은 원나라에 갔다가 쿠빌라이 칸을 만나 교황에게 편지를 전해 달라는 부탁을 받았어요. 그래서 이탈리아로 돌아와 교황을 만나고 다시 원나라로 갔는데, 이때 열일곱 살의 마르코 폴로도 함께 떠났지요.

"오, 훌륭한 젊은이, 이곳에 머물며 나를 위해 일해 주시오."

쿠빌라이 칸은 마르코 폴로를 마음에 들어 하며 관직을 주었어요. 마르코 폴로는 17년 동안 원나라에 머물며 다양한 중국 문물과 문화를 경험했어요.

1295년 고향으로 돌아온 마르코 폴로는 전쟁에 참가했다가 감옥에 갇혔어요. 그는 감옥에서 중국 체험담을 사람들에게 들려주었고, 함께 있던 루스티첼로*라는 작가가 이것을 받아 적어 《동방견문록》이 나오게 되었어요.

《동방견문록》에는 마르코 폴로가 베네치아에서 중국까지 여행한 기록과 여행하면서 둘러본 나라의 모습이 담겨 있어요. 또 원나라의 상황과 문화 등도 자세히 쓰여 있지요.

▲ 마르코 폴로의 조각상

1271년
마르코 폴로가
여행을 시작함.

1295년
마르코 폴로가
고향으로 돌아옴.

1300년경
《동방견문록》이
발표됨.

 읽은 것 확인하기

📅 읽은 날짜 :　　월　　일

1 마르코 폴로가 원나라에 다녀온 체험담을 기록한 책은 무엇인지 쓰세요.

✏️ _____

2 마르코 폴로에 대한 설명으로 맞으면 ◯, 틀리면 ✕ 하세요.

(1) 교황에게 쿠빌라이 칸의 편지를 전했어요. (　　)

(2) 아버지와 삼촌을 따라 당나라에 갔어요. (　　)

(3) 쿠빌라이 칸에게서 관직을 받았어요. (　　)

(4) 원나라에서 다양한 중국 문물과 문화를 경험했어요. (　　)

3 마르코 폴로가 몇 년 동안 원나라에 머물렀는지 쓰세요.

　　　　　　　　　　　　　　　　　　　년

4 《동방견문록》에 대한 설명으로 맞는 것을 모두 고르세요. (　　 , 　　)

① 마르코 폴로가 감옥에서 직접 썼어요.

② 베네치아에서 중국까지 여행한 기록이 담겨 있어요.

③ 쿠빌라이 칸의 명령으로 쓴 책이에요.

④ 동양의 모습을 서양 사람들에게 알려 준 책이에요.

🔍 **용어 풀이**
• **베네치아** 이탈리아 북부에 있는 항구 도시.
• **루스티첼로** 이탈리아 피사 출신의 작가.

24 일차 영국과 프랑스의 기나긴 싸움, 백년 전쟁

14~15세기에 영국과 프랑스는 100년 넘게 전쟁을 했어요. 바로 왕위 계승*
문제와 플랑드르*라는 지역 때문이었어요.

1328년에 프랑스 왕인 샤를 4세가 아들 없이 세상을 떠나자, 샤를 4세의
사촌인 필리프 6세가 왕위를 잇게 되었어요. 그러자 영국 왕 에드워드 3세는
샤를 4세의 조카인 자신이 프랑스 왕이 되어야 한다고 주장했어요.

에드워드 3세를 제치고 왕위에 오른 필리프 6세는 프랑스 영토 안에 있는
영국 땅 플랑드르를 공격했어요. 플랑드르는 영국에서 나는 양털을 거래하는
지역으로 영국에게 아주 중요한 곳이었어요. 플랑드르를 프랑스에 뺏길 수 없
었던 영국은 프랑스로 쳐들어가는데, 이것이 '백년 전쟁'의 시작이에요.

100년여 동안 여러 차례 벌어진 전쟁에서 대부분은 영국이 승리했어요. 영국
은 마지막으로 오를레앙* 지역만 차지하면 완전한 승리를 거둘 수 있었지요. 그
런데 프랑스에서 잔 다르크라는 어린 소녀가 나타나 전쟁을 프랑스의 승리로
이끌었어요. 잔 다르크는 프랑스를 구하라는 천사의 말을 듣고 전쟁에 참여했
어요. 프랑스군은 잔 다르크의 용감한 모습에 힘을 얻어 영국군을 무찔렀어요.

1337년
백년 전쟁이 시작됨.

1453년
백년 전쟁이 끝남.

읽은 것 확인하기

📅 읽은 날짜 :　　월　　일

1 백년 전쟁은 어느 나라와 어느 나라가 싸운 전쟁인지 모두 찾아 ○ 하세요.

| 영국 | 이탈리아 | 프랑스 | 그리스 |

2 에드워드 3세가 자신이 프랑스 왕이 되어야 한다고 주장한 이유를 고르세요.　　(　　　　)

① 자신이 샤를 4세의 사위였기 때문이에요.

② 자신이 샤를 4세의 조카였기 때문이에요.

③ 자신이 샤를 4세의 손자였기 때문이에요.

④ 자신이 필리프 6세의 조카였기 때문이에요.

3 프랑스가 공격한 영국의 땅은 어디인지 찾아 색칠하세요.

| 프로방스 | 노르망디 | 플랑드르 |

4 백년 전쟁에서 천사의 말을 듣고 전쟁에 참여해 프랑스를 승리로 이끈 사람은 누구인지 쓰세요.

✏️ _____

 용어 풀이
- **왕위 계승** 왕의 자리를 이어받음.
- **플랑드르** 오늘날 벨기에 서부를 중심으로 네덜란드 서부와 프랑스 북부에 걸쳐 있는 지방.
- **오를레앙** 프랑스 중부에 있는 도시. 잔 다르크가 영국군을 이긴 곳으로 유명함.

14세기 중반에는 '흑사병'이라는 무시무시한 질병이 온 유럽을 휩쓸었어요. 이 병 때문에 유럽 인구의 3분의 1 이상이 죽었지요.

흑사병은 쥐의 몸에 붙어살던 벼룩의 병균*이 사람의 몸에 옮아서 생기는 병이에요. 벼룩을 통해 사람에게 병균이 옮고, 병에 걸린 사람들의 기침 등으로 전염되기도 했지요.

이 병에 걸린 사람은 죽기 전에 피부가 시커멓게 변하기 때문에 흑사병이라는 이름이 붙었어요. 다른 말로는 '페스트'라고도 해요. 흑사병에 걸리면 심하게 열이 나고 기침을 하며 피를 토하기도 했어요.

흑사병은 엄청나게 빠른 속도로 퍼졌어요. 1347년 이탈리아를 휩쓴 흑사병은 1년도 지나지 않아 프랑스를 휩쓸고 영국까지 퍼져 나갔어요. 몇 년 뒤에는 러시아, 아시아, 아프리카까지 번졌지요.

흑사병의 원인을 몰랐던 사람들은 공포에 휩싸였어요. 흑사병을 신이 내린 천벌이라고 생각해 죄를 씻기 위해 자신의 몸을 채찍질하기도 했어요. 일부 사람들은 유대인이 병을 옮겼다고 생각해서 유대인을 죽이기도 했어요.

1 14세기 중반에 퍼져 유럽 인구의 3분의 1 이상을 죽게 만든 질병은 무엇인지 쓰세요.

✏️ _____

2 흑사병을 퍼뜨린 동물은 무엇인지 찾아 ○ 하세요.

거미	메뚜기	벼룩

3 흑사병에 걸린 사람들에게 나타난 증상이 <u>아닌</u> 것을 고르세요. (　　　)

① 열이 심하게 났어요.

② 머리카락이 빠졌어요.

③ 기침을 심하게 했어요.

④ 피부가 검은색으로 변했어요.

4 흑사병에 대한 설명으로 맞으면 ○, 틀리면 ✕ 하세요.

(1) 유럽 인구의 3분의 1 이상이 이 병으로 죽었어요. (　　　)

(2) 다른 말로 '페스트'라고도 해요. (　　　)

(3) 유럽 안에서만 천천히 퍼져 나갔어요. (　　　)

(4) 사람들은 흑사병을 신이 내린 천벌이라고 생각하기도 했어요. (　　　)

🔍 **용어풀이** · **병균** 병을 일으키는 균.

글을 읽고, 해당하는 낱말을 글자판에서 찾아 ◯로 묶으세요.
낱말은 가로, 세로로 찾을 수 있어요.

페	스	트	러	시	아
송	테	서	호	라	즘
영	무	하	일	본	쿠
국	친	넬	주	크	빌
독	일	원	나	라	라
루	스	티	첼	로	이

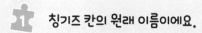 칭기즈 칸의 원래 이름이에요.

2 칭기즈 칸이 정복한 곳으로 중앙아시아에 있던 이슬람 나라예요.

3 쿠빌라이 칸이 중국에 세운 나라예요.

4 마르코 폴로의 이야기를 듣고 《동방견문록》을 쓴 사람이에요.

5 백년 전쟁에서 프랑스와 싸운 나라예요.

6 흑사병을 가리키는 다른 말이에요.

원나라 군대를 막아 준 신의 바람, 태풍

중국의 황제가 된 쿠빌라이 칸은 일본을 정복하기 위해 몽골군을 보냈어. 그런데 몽골군이 탄 배가 일본 해안에 다가가자 갑자기 거센 바람이 불었어. 수많은 군사가 바다에 빠져 죽자 몽골군은 되돌아올 수밖에 없었지. 7년 뒤 몽골군은 또 일본으로 쳐들어갔어. 그런데 또 거센 바람이 불어서 몽골군의 배가 크게 부서지고 수많은 군사가 목숨을 잃었어. 일본 사람들을 두 번이나 구한 거센 바람은 태풍이었어. 그래서 일본 사람들은 이 태풍을 '신의 바람'이라고 불렀대.

프랑스를 구한 잔 다르크는 왜 화형을 당했을까?

프랑스를 위기에서 구한 잔 다르크는 영국에서 화형을 당했어. 더욱 안타까운 것은 바로 프랑스 사람들이 잔 다르크를 영국군에게 넘겼다는 거야. 프랑스 귀족들은 두 파로 나뉘어 싸웠는데, 그중 부르고뉴파는 영국과 같은 편이었어. 그래서 부르고뉴 군대는 잔 다르크를 사로잡아 돈을 받고 영국에 팔아넘겼지. 잔 다르크는 영국에서 일곱 번의 재판을 받으며 여러 누명을 쓰고 마녀로 몰리게 되었어. 그러다 결국 열아홉 살의 어린 나이에 화형을 당해 죽고 말았어.

해답과 도움말

유럽

1일차 게르만족의 대대적인 이동 📖 8~9쪽

1 ②, ③
2 훈족
3 서로마 제국
4 아이유브 왕국

도움말 서로마 제국이 멸망하고, 게르만족은 로마 땅 곳곳에 왕국을 세웠어요. 그래서 지금도 북서부 유럽에 사는 사람들은 대부분 게르만족이에요. 게르만족은 키가 크고 금발이며, 흰 피부와 파란 눈동자가 특징이에요.

유럽

2일차 동서로 갈라진 로마 제국 📖 10~11쪽

1 비잔티움
2 ③
3 테오도시우스 1세
4 (순서대로) 서로마 제국, 동로마 제국

도움말 콘스탄티누스 대제는 로마 사람들을 하나로 묶고 쓰러져 가는 로마 제국을 다시 일으키기 위해 크리스트교를 인정했어요. 또 군대를 정비하고 경제적으로 발달한 비잔티움으로 수도를 옮겨 황제의 힘을 키웠어요.

인도

3일차 힌두교가 생겨난 인도의 굽타 왕조 📖 12~13쪽

1 (순서대로) 굽타, 브라만교
2 찬드라굽타 2세
3 (1) ○, (2) ✕, (3) ✕
4 ①, ④

도움말 힌두교의 '힌두'는 인도라는 뜻이에요. 따라서 힌두교는 인도의 종교를 뜻해요. 힌두교에는 다양한 신이 존재하는데, 대표적인 신은 창조를 담당하는 브라흐마, 유지를 담당하는 비슈누, 파괴를 담당하는 시바예요.

아메리카

4일차 아메리카의 거대한 고대 도시, 테오티우아칸 📖 14~15쪽

1 멕시코고원
2 ③, ④
3 죽은 자의 길
4 신에게 제사를 지내기 위해

도움말 테오티우아칸 한가운데에 있는 '죽은 자의 길'은 너비가 약 40~100미터이고, 길이가 5킬로미터가 넘어요. 이 길 끝에 있는 달의 피라미드에서 사람을 제물로 바치는 제사를 지냈다고 여겨져요.

5일차 열대 우림 속에서 피어난 마야 문명 📖 16~17쪽

1 (순서대로) 자연, 피라미드
2 ③
3 그림 문자
4 마야 문명

도움말 마야 사람들은 밤마다 별의 움직임을 살펴서 전쟁을 치르고 제물을 바칠 날짜 등을 정했어요. 글자와 숫자를 만들어 별의 움직임을 꾸준히 기록했고, 이것을 정리해 달력을 만들었어요. 마야의 비석이나 토기에 기록된 문장의 절반 이상이 달력에 대한 기록이라고 해요.

낱말퍼즐

📖 18쪽

1 게르만족
2 용병
3 국교
4 힌두교
5 테오티우아칸
6 월식

힌	불	교	일	마	국
두	올	월	닉	야	교
교	메	피	라	미	드
훈	카	게	르	만	족
족	용	병	바	이	킹
테	오	티	우	아	칸

6일차 중국을 다시 통일한 수나라와 당나라 📖 20~21쪽

1 수나라
2 ②
3 이연
4 (순서대로) 수나라, 당나라

도움말 수나라 양제는 612년부터 614년까지 고구려를 세 차례 침략했어요. 제1차 침략에서는 을지문덕 장군에게 져서 100만 대군 중 겨우 3,000여 명 정도만 살아남았다고 해요. 이후 제2차, 제3차 침략도 모두 실패하자, 살기 힘들어진 수나라 백성들은 반란을 일으켰어요.

7일차 중국의 유일한 여황제, 측천무후

📖 22~23쪽

1 측천무후
2 고종
3 자신이 황제가 되려고 했기 때문에
4 ③

도움말 측천무후는 나라를 잘 다스려 당시 백성들의 삶은 안정되었어요. 측천무후는 세상을 떠날 때, 업적이 너무 많아 비석 하나에는 다 기록할 수 없으니 비석에 한 글자도 새기지 말라는 유언을 남겼다고 해요. 그래서 측천무후의 비석에는 아무것도 새겨져 있지 않답니다.

8일차 이슬람교를 만든 무함마드

📖 24~25쪽

1 이슬람교
2 ③
3 (순서대로) 무함마드, 메디나
4 재석

도움말 무함마드는 장사를 다니면서 접하게 된 크리스트교와 유대교의 영향을 받아 이슬람교를 창시하게 되어요. 기존의 우상 숭배를 비판하고, 유일신인 알라에 대한 절대적인 순종과 신 앞에 모든 사람은 평등하다는 교리를 내세웠어요.

9일차 영토를 넓혀 가는 이슬람 제국

📖 26~27쪽

1 칼리프
2 (1) ○, (2) ○, (3) ✕
3 아바스 왕조
4 ③

도움말 우마이야 왕조가 들어서면서 이슬람 사회는 시아파와 수니파로 나뉘어 대립하게 되어요. 시아파는 무함마드의 후손이 칼리프가 되어야 한다고 주장하는 세력이고, 수니파는 후손이 아니더라도 능력이 있는 사람이 칼리프가 되어야 한다고 주장하는 세력이에요.

10일차 일본의 고대 국가들

📖 28~29쪽

1 야마토 정권
2 (1) ㉢, (2) ㉠, (3) ㉡
3 헤이조쿄
4 (순서대로) 가나, 국풍 문화

도움말 10세기에서 12세기까지 일본에서는 국풍 문화가 유행했어요. 이 시기에 일본은 집 안에 짚으로 된 돗자리를 깔고, 일본 고유의 옷을 입었으며, 일본 고유의 문자인 가나 문자를 만들어 사용했어요. 이 가나 문자 덕분에 일본 고대 문학이 발달하기도 했지요.

낱말퍼즐

📖 30쪽

1 과거제
2 장안
3 알라
4 헤지라
5 우마이야
6 천황

술	클	로	비	스	농
탄	장	교	기	나	민
천	안	황	헤	지	라
황	무	사	아	스	카
우	마	이	야	천	알
과	거	제	활	왕	라

유럽

11일차 프랑크 왕국과 카롤루스 대제

📖 32~33쪽

1 갈리아 지방
2 (1) ○, (2) ×, (3) ○, (4) ×
3 카롤루스 대제
4 프랑스, 독일, 이탈리아

도움말 옛 서로마 제국의 영토를 되찾은 카롤루스 대제는 정복한 지역에 법률을 정하는 등 통치 기반을 다졌어요. 로마 황제가 되고 나서는 교황에게 국민의 교육을 맡기고 성당을 짓게 했지요. 카롤루스 대제는 로마 문화와 게르만 문화, 크리스트교가 융합된 서유럽 문화 형성의 기틀을 마련했어요.

유럽

12일차 로마 제국의 전통을 이은 비잔티움 제국

📖 34~35쪽

1 ①
2 유스티니아누스 황제
3 유스티니아누스 법전, 성 소피아 성당
4 이슬람

도움말 비잔티움 제국은 문화가 아주 발달한 나라였어요. 유럽과 아시아가 만나는 길목에 위치해서 동양과 서양 문물을 골고루 받아들여 자신들만의 독특한 비잔티움 양식을 만들었어요. 거대한 둥근 돔 형태의 지붕과 화려한 모자이크 그림으로 장식된 내부가 특징인 성 소피아 성당이 대표적이에요.

13일차 온 유럽을 공포에 떨게 한 노르만족

📖 36~37쪽

1 민재, 우주

2 북쪽

3 (순서대로) 롤로, 노르망디

4 (순서대로) 노르만 왕조, 키예프 공국

> **도움말** 노르만족은 길고 폭이 좁은 배를 타고 다니다가, 아무 데나 배를 대고 사람들에게서 식량이나 물건 등을 빼앗았어요. 빼앗은 물건을 필요한 물건과 바꾸기도 했는데, 이러한 곳에는 사람들이 모여들어 도시로 발전하기도 했어요.

14일차 중세 서유럽의 봉건 제도

📖 38~39쪽

1 봉건 제도

2 (순서대로) 땅, 충성, 기사

3 농민

4 ③

> **도움말** 봉건 제도가 생겨날 시기에 서유럽에서는 귀족이 사는 성과 교회, 농민의 집, 논밭 등이 한 마을을 이루었는데, 이것을 '장원'이라고 해요. 장원에서는 그 땅을 다스리는 귀족이 최고 권력자였어요. 왕은 자신이 직접 다스리고 있는 땅에서만 힘이 있었지요.

15일차 앙코르 와트를 지은 앙코르 왕조

📖 40~41쪽

1 (순서대로) 힌두교, 앙코르

2 진랍

3 힌두교의 비슈누

4 ③

> **도움말** 앙코르 와트는 길이가 약 1,500미터이고, 너비가 약 1,300미터나 되는 웅장하고 화려한 사원이에요. 거대한 돌에 정교하게 새겨진 조각 때문에 세계 7대 불가사의로 꼽히지요. 사원을 짓는 방식이나 조각에서 앙코르 왕조만의 독특한 양식을 엿볼 수 있다고 해요.

16일차 학문을 중시한 송나라

📖 44~45쪽

1 조광윤

2 은지, 채원

3 활판 인쇄술

4 ②

> **도움말** 조광윤은 실력이 있으면 누구나 과거를 통해 관리가 될 수 있도록 했어요. 과거에 합격한 사람들을 '사대부'라고 불렀는데, 이들은 문학, 의학, 수학, 농업 등 여러 분야에서 활발하게 활동하며 송나라를 발전시켰어요. 하지만 송나라는 학문에 비해 군사력은 떨어져서 주변 민족들에게 끊임없이 시달렸어요.

낱말퍼즐

📖 42쪽

1 프랑크
2 비잔티움
3 노르만족
4 귀족
5 기사
6 사원

앙	사	주	군	부	비
코	원	배	기	남	잔
르	노	예	나	신	티
노	르	만	족	나	움
늘	라	브	족	귀	족
교	황	프	랑	크	스

서아시아

17일차 **이슬람 세계의 새 주인공, 셀주크 튀르크**

📖 46~47쪽

1 셀주크 튀르크

2 ①, ④

3 술탄

4 서아시아, 예루살렘, 지중해 주변

도움말 칼리프는 '계승자'를 뜻하는 말로, 무함마드가 죽고 난 뒤 그의 뒤를 이은 종교적 지도자를 말해요. 술탄은 '권력자'라는 뜻으로, 이슬람 세계 최고의 정치 지배자를 뜻하지요.

유럽

18일차 **교황과 황제의 권력 다툼**

📖 48~49쪽

1 (1) ◯, (2) ✕, (3) ✕

2 성직 임명권

3 ②

4 (순서대로) 교황, 3

도움말 '카노사의 굴욕' 사건 이후로 교황의 영향력은 더욱 강해져서 13세기에는 '교황은 해, 황제는 달'이라고 할 정도였어요. 교회도 사람들의 생활에 영향을 미쳤는데, 출생에서 결혼, 죽음까지 일생 동안 성직자의 은총을 받아야 한다고 가르쳤고, 이를 어기면 파문하기도 했어요.

19일차 예루살렘을 되찾기 위한 싸움, 십자군 전쟁

📖 50~51쪽

1 예루살렘
2 (순서대로) 예루살렘, 비잔티움
3 ②
4 (1) ✕, (2) ◯, (3) ◯, (4) ◯

도움말 십자군 전쟁으로 당시 이슬람 문화가 유럽에 널리 알려지는 계기가 되었어요. 또 지중해 중심의 무역이 활발해지면서 상공업과 도시가 발달하기도 했어요.

20일차 무사들이 지배한 일본

📖 52~53쪽

1 (순서대로) 무사, 헤이안
2 다이라 가문
3 쇼군
4 ③

도움말 무사는 원래 땅을 지키는 사람들이었어요. 무사는 갑옷을 입고 투구를 썼으며, 상대를 겁주려고 무서운 표정의 가면을 쓰기도 했어요. 칼은 무사의 상징으로, 무사들은 칼을 자신의 생명처럼 소중히 여겼어요.

낱말퍼즐

📖 54쪽

1 송나라
2 술탄
3 성직자
4 카노사
5 십자군
6 막부

예	교	황	십	자	군
도	막	부	무	사	한
카	관	술	탄	성	족
노	리	청	나	라	송
사	무	로	마	치	나
동	성	직	자	불	라

동아시아

21일차 아시아와 유럽을 정복한 몽골 제국

📖 56~57쪽

1 몽골 제국

2 ①, ④

3 금나라, 호라즘, 서하

4 칭기즈 칸의 뛰어난 지도력, 막강한 기병

📘 도움말 몽골 제국은 체계적인 군사 훈련으로 주변의 강한 나라들을 물리쳤어요. 기병들은 빨리 달리는 말에서도 화살을 정확히 잘 쏠 수 있었으며, 효과적인 전술로 싸우지 않고 항복을 받아 내기도 했지요.

동아시아

22일차 몽골 사람이 중국에 세운 원나라

📖 58~59쪽

1 쿠빌라이 칸

2 대도

3 (순서대로) 몽골 사람, 색목인

4 ②

📘 도움말 원나라 시대에는 소수의 몽골 사람에게 정치와 군사 일을 맡기고, 색목인들에게는 나라의 경제와 관련된 일을 맡겼어요. 색목인은 대부분 상인 출신으로 계산을 잘했고, 처음부터 적극적으로 협조하는 등 믿을 수 있었기 때문이에요.

동아시아

23일차 서양에 원나라를 소개한 《동방견문록》

📖 60~61쪽

1 동방견문록

2 (1) ✕, (2) ✕, (3) ◯, (4) ◯

3 17 (또는 십칠)

4 ②, ④

📘 도움말 《동방견문록》에는 마르코 폴로가 여행한 지역의 위치와 거리, 종교, 동식물 등에 대한 기록이 담겨 있어요. 당시 동양에 대해 알지 못했던 유럽 사람들은 《동방견문록》을 통해 동양에 관심을 가지게 되었고, 콜럼버스가 신대륙 탐험을 떠나는 계기가 되기도 했어요.

유럽

24일차 영국과 프랑스의 기나긴 싸움, 백년 전쟁

📖 62~63쪽

1 영국, 프랑스

2 ②

3 플랑드르

4 잔 다르크

📘 도움말 백년 전쟁을 치르는 동안 프랑스 사람들의 국민 의식과 애국심이 커지면서 왕에 대한 충성심도 커졌어요. 국토가 통일되고 왕권이 더욱 강화되어, 백년 전쟁은 프랑스가 왕을 중심으로 한 국가가 되는 발판이 되었어요.

25일차 유럽을 휩쓸어 버린 흑사병

📖 64~65쪽

1 흑사병 (또는 페스트)
2 벼룩
3 ②
4 (1) ○, (2) ○, (3) ✕, (4) ○

도움말 흑사병이 유행하자 여러 사람이 함께 생활하는 수도원에서 사람들이 가장 많이 죽었어요. 성직자의 수가 급격히 줄어들자, 자격이 되지 않는 성직자들이 생겨났고, 사람들의 공포와 불안함을 이용하여 미신이나 기존 교리에 어긋나는 종교가 등장하기도 했어요.

낱말퍼즐

📖 66쪽

1 테무친
2 호라즘
3 원나라
4 루스티첼로
5 영국
6 페스트

페	스	트	러	니	아
농	테	서	호	라	즘
영	무	하	일	본	쿠
국	친	넬	주	크	빌
독	일	원	나	라	라
루	스	티	첼	로	이

찾아보기